西の正倉院と百済王伝説

【美郷のキセキ】

目《もく》次《じ》

西《にし》の正倉院《しょうそういん》と百済王伝説《くだらおうでんせつ》　美郷《みさと》のキセキ……3
原作者《げんさくしゃ》より　原田須美雄《はらだすみお》……98
物語《ものがたり》の舞台《ぶたい》　宮崎県《みやざきけん》・美郷町《みさとちょう》……100
用語解説《ようごかいせつ》……102
西《にし》の正倉院《しょうそういん》ができるまで……108

西《にし》の正《しょう》倉《そう》院《いん》と百済《くだら》王《おう》伝《でん》説《せつ》

【美郷《みさと》のキセキ】

人《じん》物《ぶつ》紹《しょう》介《かい》

南郷村《なんごうそん》　田原村長《たばるそんちょう》

原《はら》田《だ》須《す》美《み》雄《お》

南郷村役場《なんごうそんやくば》のみなさん

韓国《かんこく》からの国際交流員《こくさいこうりゅういん》のみなさん

村《むら》の子《こ》どもたち

『師走《しわす》祭《まつ》り』を御存知《ごぞんじ》だろうか？

宮崎県《みやざきけん》北部《ほくぶ》
日向市《ひゅうがし》から西《にし》へ40キロほど入《はい》った
人口《じんこう》2800人《にん》の南郷村《なんごうそん》に
古《いにしえ》の時代《じだい》から続《つづ》く
それは不思議《ふしぎ》な祭《まつ》りである。

某年《ぼうねん》1月末《がつまつ》
比木神社
師走祭《しわすまつ》りって何《なん》のお祭《まつ》り？
え～!? この村《むら》に来《き》て1年《ねん》も経《た》つのに何《なに》も知《し》らないの？
知《し》らないよォ
ずーっと昔《むかし》 戦《たたか》いに負《ま》けた百済《くだら》って国《くに》の王様《おうさま》と王子《おうじ》が別々《べつべつ》の所《ところ》に流《なが》れ着《つ》いてね
王様《おうさま》は南郷《なんごう》に王子《おうじ》は比木《ひき》に住《す》むことになったの
王様《おうさま》と王子《おうじ》を年《ねん》に一度《いちど》会《あ》わせてるお祭《まつ》りよ

ふ～ん そうなんだ
よくわかんないケド
1300年《ねん》も続《つづ》いているんだから
ハーッ
1300年《ねん》!? ウソォ～!!
ウソじゃないってば
ホラ 王子《おうじ》の御神体《ごしんたい》をかついだ一行《いっこう》が比木神社《ひきじんじゃ》を出発《しゅっぱつ》したよ
やっぱり子供《こども》の方《ほう》が親父《おやじ》さんの所《ところ》に出向《でむ》くんだね
「王様《おうさま》」に対《たい》して「親父《おやじ》」はないでしょ!!
ゴッ
マフ!!
でもなんで負《ま》けて逃《に》げてきた王様《おうさま》をわざわざ祀《まつ》ってるの?

それはな
スッ
戦《たたか》いに敗《やぶ》れても
王様《おうさま》は王様《おうさま》だからじゃ
負《ま》けても王様《おうさま》?
別《わか》れ別《わか》れになった親子《おやこ》は
それぞれに定住《ていじゅう》した地《ち》で
尊《とおと》い存在《そんざい》になったからのう
どうして?
それは
わからん!
ガクッ

しかし
そうでなければ
1300年《ねん》も
こうして祀《まつ》られる
ことはなかったはず
1300年《ねん》…
誰《だれ》も祭《まつ》りを
辞《や》めようと
思《おも》わなかった
それが立派《りっぱ》だった
ことの証《あかし》じゃ
「あかし」って
なに？
あれ？
変《へん》な子《こ》が
行列《ぎょうれつ》について
いったよ
子供《こども》？

『師走祭《しわすまつ》り』御神幸路《ごしんこうろ》

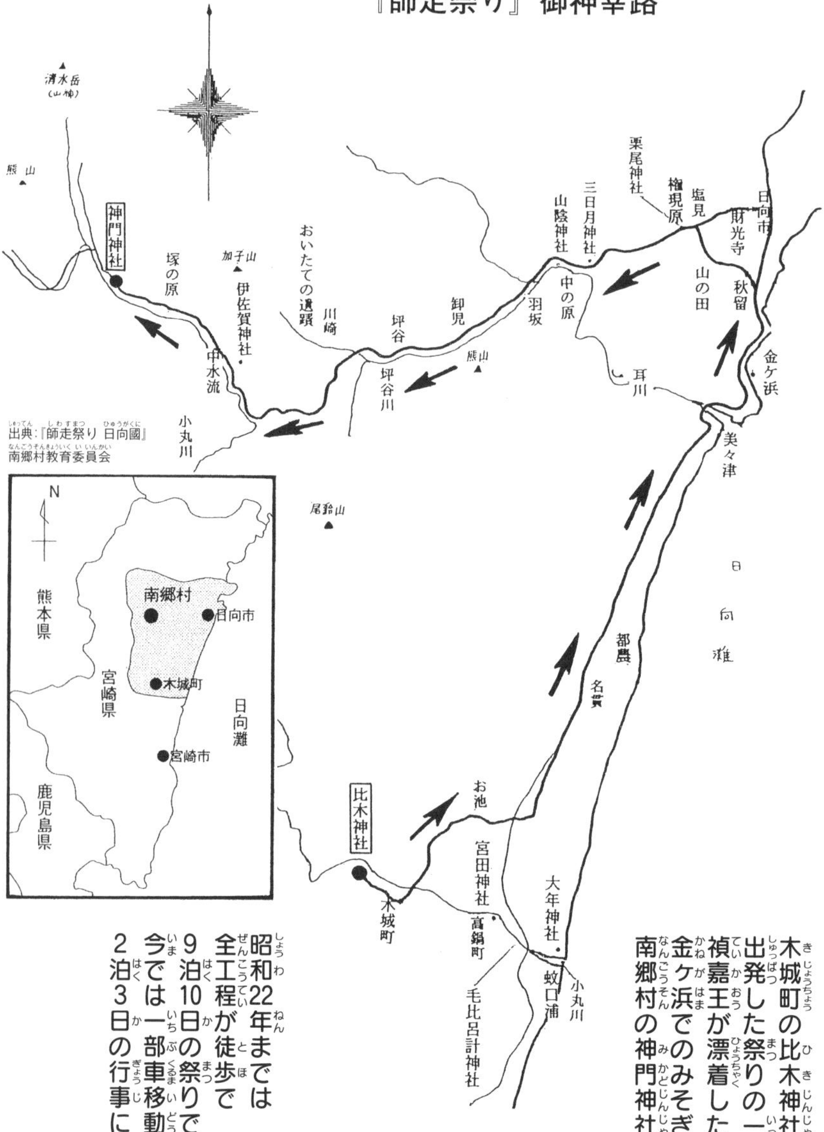

木城町《きじょうちょう》の比木神社《ひきじんじゃ》を
出発《しゅっぱつ》した祭《まつ》りの一行《いっこう》は
禎嘉王《ていかおう》が漂着《ひょうちゃく》した
金ケ浜《かねがはま》でのみそぎをしてから
南郷村《なんごうそん》の神門神社《みかどじんじゃ》に向《む》かう。

昭和《しょうわ》22年《ねん》までは
全工程《ぜんこうてい》が徒歩《とほ》で
9泊《はく》10日《か》の祭《まつ》りであったが
今《いま》では一部《いちぶ》車移動《くるまいどう》で
2泊《はく》3日《か》の行事《ぎょうじ》になっている。

南郷村役場《なんごうそんやくば》
1986年（昭和61年）
地《ち》方《ほう》再《さい》生《せい》
過《か》疎《そ》化《か》の危《き》機《き》
「過《か》疎《そ》化《か》の危《き》機《き》」とは　まさに この村《むら》のことだな
やめてくださいよ 村長《そんちょう》
わかっていても 口《くち》に出《だ》すのは…
この村《むら》には 中学校《ちゅうがっこう》まで しかない
市街《しがい》の高校《こうこう》に 進学《しんがく》した 子供達《こどもたち》は 市街《しがい》で就職《しゅうしょく》 してしまう
そして　そのまま 村《むら》に戻《もど》ってはこない
それを 仕方《しかた》の無《な》い事《こと》 だと思《おも》っては いけないんだ

明治《めいじ》時代《じだい》には
物資《ぶっし》の集散地《しゅうさんち》として
にぎわいを見《み》せ
大正《たいしょう》時代《じだい》には
Tフォードも走《はし》る
九州《きゅうしゅう》最先端《さいせんたん》だった南郷《なんごう》だが
昭和《しょうわ》29年《ねん》に7800人《にん》だった人口《じんこう》も
昭和《しょうわ》50年代《ねんだい》には
半分《はんぶん》になっていた。
国《くに》が地方再生《ちほうさいせい》に力《ちから》を入《い》れとる今《いま》
なんとかしないといかんだろう!!
そうは言《い》ってもこの村《むら》にあるのは山《やま》と畑《はたけ》と神社《じんじゃ》だけだし…
だな
……
山《やま》と
畑《はたけ》と
神社《じんじゃ》だけ…
じゃない!!

わしはついにアレを
提案《ていあん》する時《とき》がきたと思《おも》うのですよ
村《むら》の長老《ちょうろう》
それがよか
いつかキミと話《はな》したアレが実現《じつげん》すればこの村《むら》も変《か》わる
ガクガク
プルプル
期待《きたい》と恐怖《きょうふ》でヒザが震《ふる》えます
武者震《むしゃぶる》いじゃな
フォッ
フォッ
やりますぞ！
「百済王伝説《くだらおうでんせつ》」の実証《じっしょう》を!!

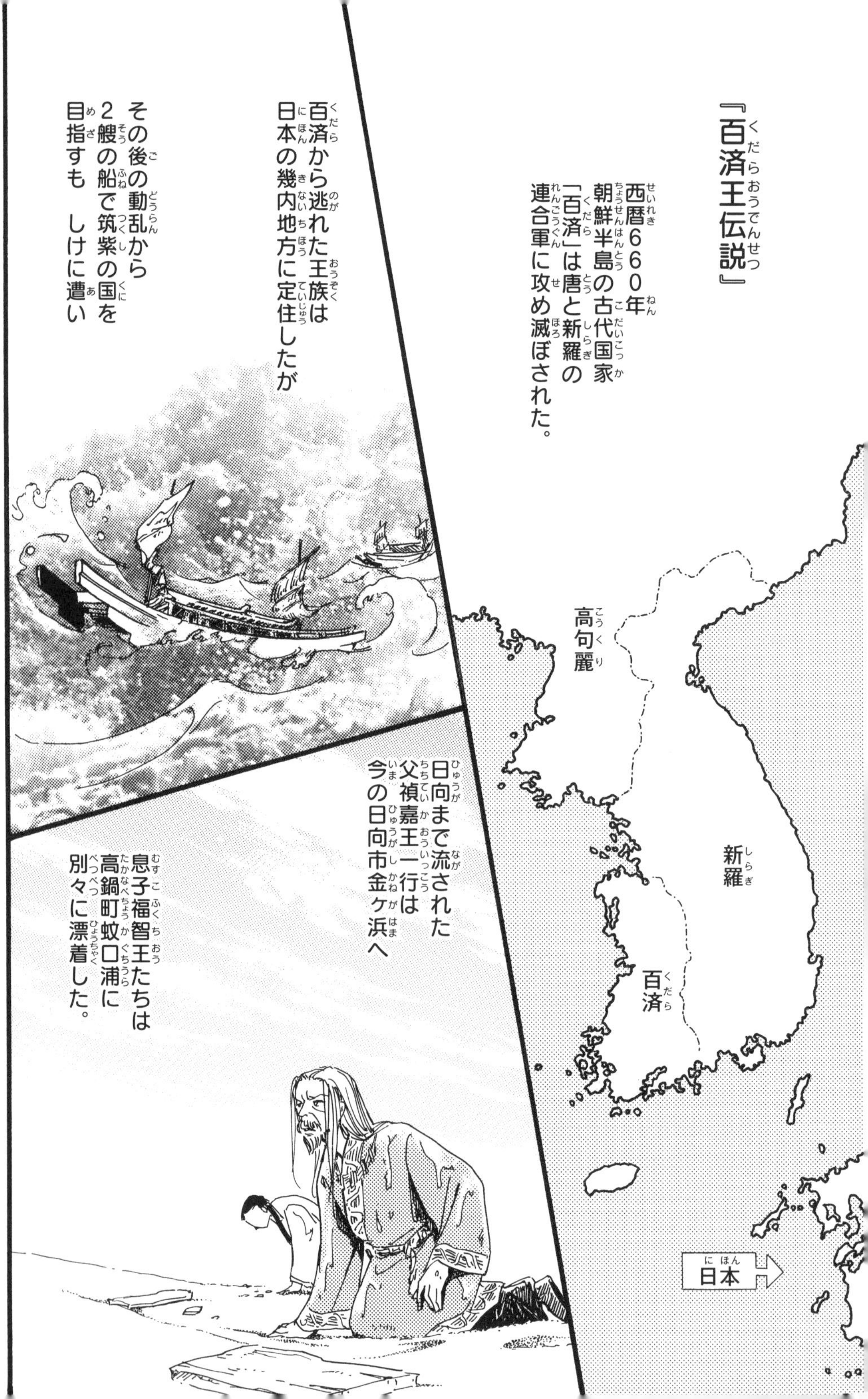
『百済《くだら》王伝説《おうでんせつ》』
西暦《せいれき》660年《ねん》
朝鮮半島《ちょうせんはんとう》の古代国家《こだいこっか》
「百済《くだら》」は唐《とう》と新羅《しらぎ》の
連合軍《れんごうぐん》に攻《せ》め滅《ほろ》ぼされた。
高句麗《こうくり》
新羅《しらぎ》
百済《くだら》
日本《にほん》
百済《くだら》から逃《のが》れた王族《おうぞく》は
日本《にほん》の畿内地方《きないちほう》に定住《ていじゅう》したが
その後《ご》の動乱《どうらん》から
2艘《そう》の船《ふね》で筑紫《つくし》の国《くに》を
目指《めざ》すも　しけに遭《あ》い
日向《ひゅうが》まで流《なが》された
父禎嘉王一行《ちちていかおういっこう》は
今《いま》の日向市金ケ浜《ひゅうがしかねがはま》へ
息子福智王《むすこふくちおう》たちは
高鍋町蚊口浦《たかなべちょうかぐちうら》に
別々《べつべつ》に漂着《ひょうちゃく》した。

それぞれ奥地《おくち》に入《はい》り
現在《げんざい》の南郷村《なんごうそん》と
児湯郡《こゆぐん》木城町《きじょうちょう》に定住《ていじゅう》

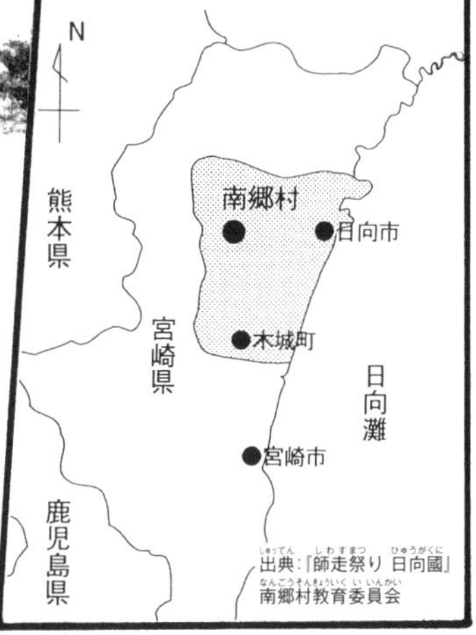

死後《しご》
土地《とち》の人々《ひとびと》により
神《かみ》として祀《まつ》られた
といわれる話《はなし》

それが今《いま》に伝《つた》わる
「百済王伝説《くだらおうでんせつ》」だ。

「師走祭《しわすまつ》り」の
起源《きげん》となる「伝説《でんせつ》」が

この先《さき》 村《むら》の運命《うんめい》を
大《おお》きく変《か》える事《こと》となる。

「百済王伝説《くだらおうでんせつ》」を実証《じっしょう》する⁉
イヤイヤ そんな奇想天外《きそうてんがい》な…
村長《そんちょう》 気《き》は確《たし》かですか?
伝説《でんせつ》は伝説《でんせつ》のままの方《ほう》が神秘的《しんぴてき》で良《よ》いと思《おも》いますよ
結局《けっきょく》ウソだったら逆効果《ぎゃくこうか》です
触《さわ》らぬ神《かみ》に祟《たた》りなしと言《い》うじゃないですか
くわばら くわばら
バン
24面《めん》もの銅鏡《どうきょう》 馬鈴《ばれい》 馬鐸《ばたく》 須恵器《すえき》
王族《おうぞく》の墓《はか》といわれる古墳《こふん》までありながら全《すべ》てが幻《まぼろし》ということはあり得《え》ない

私《わたし》は百済王伝説《くだらおうでんせつ》を中心《ちゅうしん》とした村《むら》おこしプロジェクトを提案《ていあん》する!!
まずは韓国《かんこく》に調査団《ちょうさだん》を派遣《はけん》し王族《おうぞく》の存在《そんざい》を確認《かくにん》しよう!!
そ…村長《そんちょう》!! 私《わたし》は賛成《さんせい》です!!
ガタン
企画課《きかくか》 原田須美雄《はらだすみお》
奇想天外《きそうてんがい》な事《こと》でもしなければ過疎《かそ》の流《なが》れは止《と》められません!!
私《わたし》は…
私《わたし》はこの村《むら》が大好《だいす》きなんです
……
何《なん》としてもこの村《むら》をよみがえらせたい!
原田《はらだ》くん!!
村長《そんちょう》!!
異議《いぎ》なしです!!
ひしっ
うう…っ

師走祭《しわすまつ》りの一行《いっこう》は
三度《さんど》のみそぎを行《おこな》う。
まずは出発前《しゅっぱつまえ》
神門《みかど》の父禎嘉王《ちちていかおう》が
漂着《ひょうちゃく》した金ケ浜《かねがはま》で
二度目《にどめ》は
比木一行《ひきいっこう》を迎《むか》える
神門一行《みかどいっこう》が
小丸川《おまるがわ》で
三度目《さんどめ》は
次男華智王《じなんかちおう》を祀《まつ》る
伊佐賀神社《いさがじんじゃ》で
二社《にしゃ》が合流《ごうりゅう》してから
再《ふた》び小丸川衣渕《おまるがわころもぶち》で
1月《がつ》の寒空《さむぞら》の下《した》
身《み》を清《きよ》める。

見《み》よ
寒風《かんぷう》吹《ふ》きさらす
1月《がつ》の空《ぞら》の下《した》
男《おとこ》たちのこの勇姿《ゆうし》を!!
百済の里
神門神社

昭和《しょうわ》61年《ねん》(1986)2月《がつ》
第《だい》1回《かい》調査団《ちょうさだん》が
韓国《かんこく》に出発《しゅっぱつ》。
選《えら》ばれた3人《にん》の調査団《ちょうさだん》は
企画課主幹《きかくかしゅかん》・原田《はらだ》
南郷村《なんごうそん》文化協会長《ぶんかきょうかいちょう》・土田《つちだ》
南郷村議会総務財政《なんごうそんぎかいそうむざいせい》委員長《いいんちょう》・松田《まつだ》
緊張《きんちょう》の面持《おもも》ちで扶餘《ぶよ》(旧《きゅう》・百済《くだら》の地《ち》)に到着《とうちゃく》した。
美《うつく》しい建物《たてもの》だな
美《うつく》しい風景《ふうけい》ですね
美《うつく》しい…
…ですね
ああ

扶餘郡庁《ぶよぐんちょう》
南郷《なんごう》？
九州《きゅうしゅう》の…宮崎《みやざき》？
通訳《つうやく》
宮崎《みやざき》の山奥《やまおく》で南郷《なんごう》という小《ち》さな村《むら》です
いやしかし
突然《とつぜん》来《こ》られて「百済王伝説《くだらおうでんせつ》」と言《い》われましても…
お気持《きも》ちはごもっとも
ただ1300年《ねん》続《つづ》く祭《まつ》りはゆるぎのない事実《じじつ》で…
百済《くだら》に禎嘉王《ていかおう》が存在《そんざい》したのも事実《じじつ》ならば
ぜひとも今後《こんご》交流《こうりゅう》を続《つづ》け証明《しょうめい》していけたらと
う〜ん…
日韓感情《にっかんかんじょう》もある中《なか》扶餘郡庁《ぶよぐんちょう》の郡守《ぐんしゅ》はなかなか首《くび》を縦《たて》に振《ふ》ってはくれない。

それでも…
双方《そうほう》の交流《こうりゅう》には政府《せいふ》の認可《にんか》が必要《ひつよう》です
まずは十分《じゅうぶん》な調査《ちょうさ》をしていただかないと
ゴクッ
しかしながら貴村《きそん》において永《なが》きに渡《わた》り王様《おうさま》の御霊《みたま》を祀《まつ》られてきたことには深《ふか》く感謝《かんしゃ》を申《もう》し上《あ》げたい
南郷村《なんごうそん》の情熱《じょうねつ》は確《たし》かに伝《つた》わった。

崎新聞
南郷村《なんごうそん》から百済王族《くだらおうぞく》のルーツを訪《たず》ねる
「百済《くだら》の里《さと》づくり」プロジェクト始動《しどう》
小《ちい》さな村《むら》の大《おお》きな挑戦《ちょうせん》!!
帰国後《きこくご》も追《お》い風《かぜ》が吹《ふ》き
南郷村《なんごうそん》の「百済《くだら》の里《さと》づくり」プロジェクトは走《はし》り出《だ》す。
ジリリ
ジリリ
ジリリリ
はい南郷役場《なんごうやくば》企画課《きかくか》です
え!?
ホ…ホントですか!?
はい
はい
すぐに連絡《れんらく》してみます!!
新聞《しんぶん》の記事《きじ》を見《み》た南郷村出身者《なんごうそんしゅっしんしゃ》からの驚《おどろ》くべき情報《じょうほう》が届《とど》いた。
奈良国立博物館

も……もしもし 奈良国立博物館《ならこくりつはくぶつかん》ですか？
あの… 宮崎《みやざき》の南郷《なんごう》役場《やくば》の者《もの》ですが
南郷《なんごう》？
神門神社《みかどじんじゃ》の？
はい！ 私共《わたしども》の神社《じんじゃ》の名前《なまえ》が そちらの博物館《はくぶつかん》にある 銅鏡《どうきょう》の説明《せつめい》にあると 聞《き》いたものですから…
もちろん ありますよ 神門神社《みかどじんじゃ》は 有名《ゆうめい》ですから
有名《ゆうめい》？ 神門神社《みかどじんじゃ》が⁉
銅鏡《どうきょう》がある じゃないですか
奈良時代《ならじだい》のものでも 日本《にほん》の十指《じっし》に入《はい》る
これほどの銅鏡《どうきょう》が 1ケ所《かしょ》に伝世《でんせい》されて いるなど極《きわ》めて珍《めずら》しい

それ ホントですか？
東大寺《とうだいじ》大仏《だいぶつ》座《ざ》出土《しゅつど》の「唐花六花鏡《とうかろっかきょう》」と同《おな》じ鏡《かがみ》が伝世物《でんせいぶつ》としてあるのが素晴《すば》らしい
昭和初期《しょうわしょき》に調査《ちょうさ》もされていますよ
ご存知《ぞんじ》ではなかったのですか？
村長《そんちょう》!!
村長《そんちょう》!!
我々《われわれ》は足元《あしもと》から調《しら》べ直《なお》す必要《ひつよう》があります！
ウチの村《むら》じつはスゴイんですよ!!

昭和《しょうわ》62年《ねん》(1987)3月《がつ》
神門鏡《みかどきょう》は
朝日新聞社《あさひしんぶんしゃ》の
「新《しん》・日本史《にほんし》への旅《たび》」で
表紙《ひょうし》を飾《かざ》り

南郷《なんごう》の人々《ひとびと》も
文化財《ぶんかざい》の価値《かち》を
知《し》ることになる。

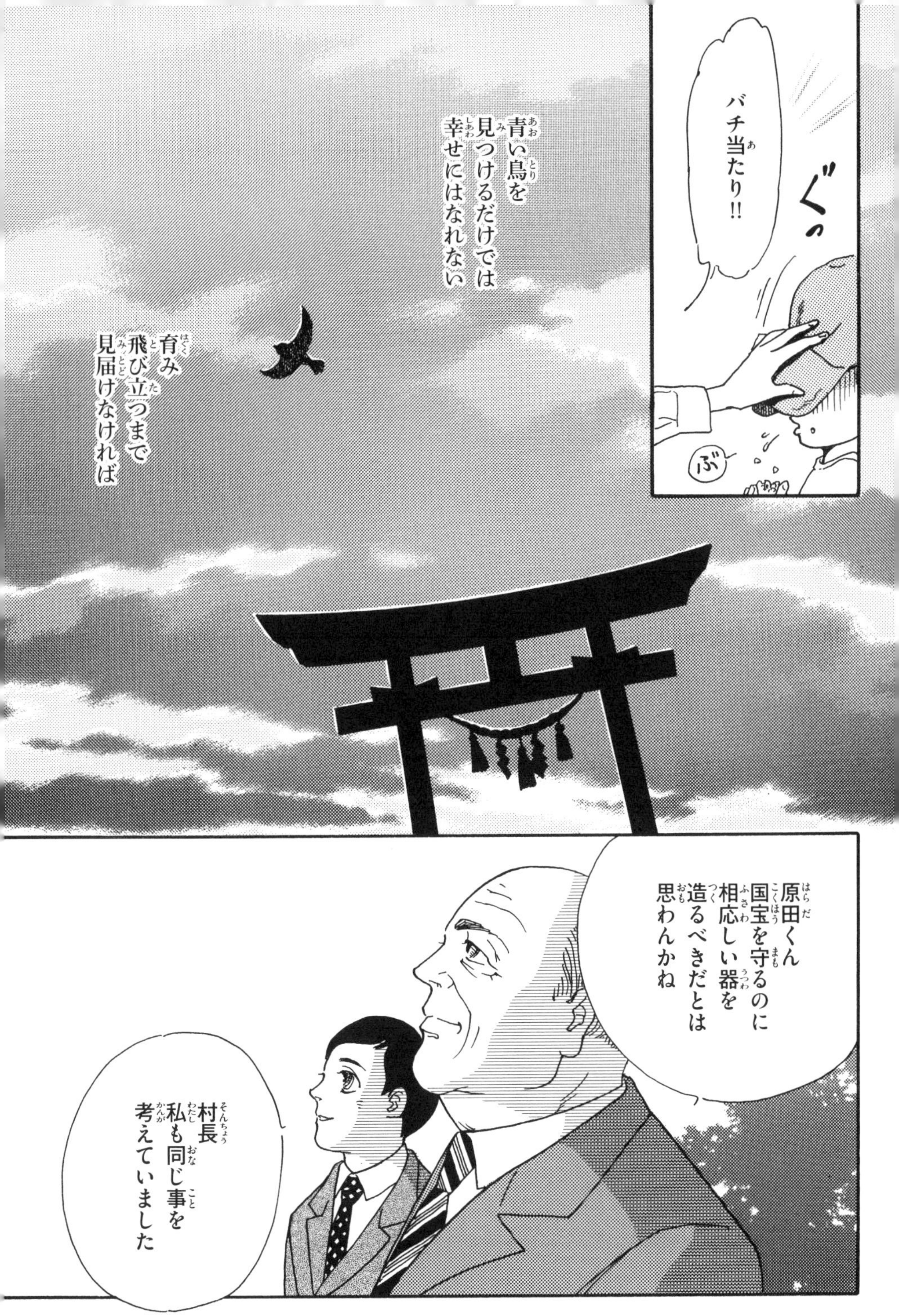
バチ当《あ》たり!!
ぐっ
ぶ
青《あお》い鳥《とり》を見《み》つけるだけでは幸《しあわ》せにはなれない
育《はぐく》み飛《と》び立《た》つまで見届《みとど》けなければ
原田《はらだ》くん国宝《こくほう》を守《まも》るのに相応《ふさわ》しい器《うつわ》を造《つく》るべきだとは思《おも》わんかね
村長《そんちょう》私《わたし》も同《おな》じ事《こと》を考《かんが》えていました

は⁉
え⁉
私《わたし》は本気《ほんき》だ
ググッ
限度《げんど》は無《な》い‼
いやいやいや‼ いくらなんでもそれは…
「百済《くだら》の里《さと》づくり」とはいっても限度《げんど》がありますよ
命《いのち》を賭《か》けるつもりで取《と》り組《く》まねば未来《みらい》を大《おお》きく変《か》えることはできん！

奈良《なら》の正倉院《しょうそういん》と
全《まった》く同《おな》じ倉《くら》を造《つく》る
「西《にし》の正倉院《しょうそういん》」だ!!
話《はなし》が大《おお》きすぎて想像《そうぞう》がつかないな
うん
想像《そうぞう》がつかない事《こと》だから価値《かち》があるんです
「成《な》せば成《な》る」です
それで誰《だれ》か本物《ほんもの》の正倉院《しょうそういん》を見《み》た事《こと》あります?
……
え!?
村長《そんちょう》も見《み》たコトないの?

奈良《なら》 東大寺《とうだいじ》 正倉院《しょうそういん》

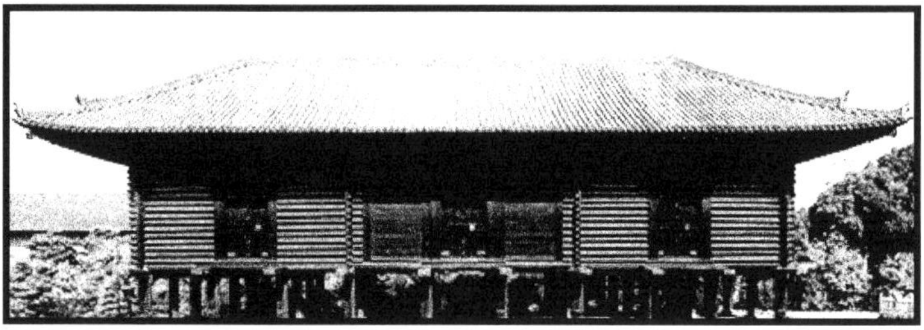

奈良《なら》・平安時代《へいあんじだい》の中央《ちゅうおう》・地方《ちほう》の官庁《かんちょう》や大寺《だいじ》には重要《じゅうよう》な物品《ぶっぴん》を納《おさ》める正倉《しょうそう》が設《もう》けられていた。
この正倉《しょうそう》が幾棟《いくむね》も集《あつ》まっている一廓《いっかく》が正倉院《しょうそういん》と呼《よ》ばれ現在《げんざい》では東大寺《とうだいじ》の正倉《しょうそう》のみが残《のこ》されている。

檜造《ひのきづく》り、単層《たんそう》、寄棟本瓦葺《よせむねほんかわらぶ》きで、高床式造《たかゆかしきづく》り。
間口約《まぐちやく》33メートル、奥行約《おくゆきやく》9.4メートル、床下約《ゆかしたやく》2.7メートル
総高約《そうこうやく》14メートル。

床下《ゆかした》には直径《ちょっけい》60センチの丸柱《まるばしら》が自然石《しぜんせき》の礎石《そせき》の上《うえ》に立《た》ち並《なら》び、巨大《きょだい》な本屋《ほんおく》を支《ささ》えている。

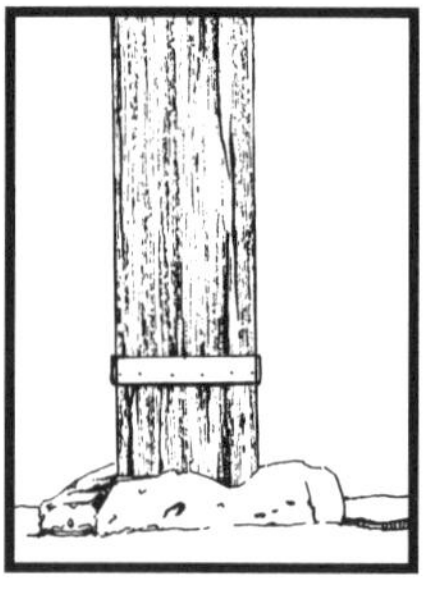

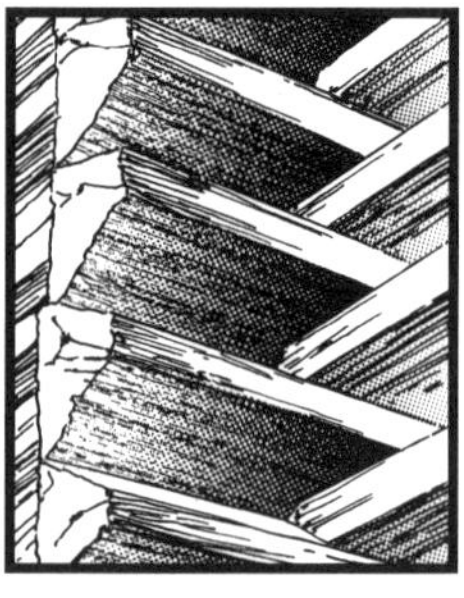

師走祭り《しわすまつ》の行列《ぎょうれつ》は次男華智王《じなんかちおう》を祀《まつ》る伊佐賀神社《いさがじんじゃ》にて
比木神社《ひきじんじゃ》と神門神社《みかどじんじゃ》の御神体《ごしんたい》が出会《であ》い合流《ごうりゅう》
神門神社
王《おう》の墓《はか》といわれる「塚の原古墳《つかのはるこふん》」で式典《しきてん》と神楽《かぐら》の後《あと》野焼《のや》きをして再《ふたた》び歩《ある》き出《だ》す。
どーして「野焼《のや》き」なんかするの？
ゴホッ
ゴホッ
ゴホッ
王様《おうさま》が追手《おって》の目《め》くらましに野《の》に火《ひ》を放《はな》ったことからじゃ
異国《いこく》からここまでずーっと追《お》ってきたの？
そうだよ
戦争《せんそう》って…嫌《いや》だね
嫌《いや》だねぇ
本当《ほんとう》に嫌《いや》だ
戦争《せんそう》だけは二度《にど》としてはイカンよ

昭和《しょうわ》62（1987）年《ねん》3月《がつ》
第《だい》2回《かい》訪韓《ほうかん》調査《ちょうさ》団《だん》は
前回《ぜんかい》と違《ちが》い友好的《ゆうこうてき》な
雰囲気《ふんいき》に驚《おどろ》いた。
これからは 相互交流《そうごこうりゅう》をしたいですね
要請《ようせい》があれば こちらからも 出向《でむ》きたいです
それは ぜひ!! 大歓迎《だいかんげい》です!!
ぎゅっ
百済王国跡《くだらおうこくあと》に咲《さ》く
梅《うめ》の穂木《ほぎ》を分《わ》けてもらい
南郷村《なんごうそん》の梅《うめ》に接木《つぎき》
その後《ご》美《うつく》しい
花《はな》を咲《さ》かせた。

7月《がつ》には扶餘《ぶよ》から使節団《しせつだん》が来村《らいそん》
シンポジウムが開催《かいさい》され
百済シンポジウム
百済は語る
南郷村《なんごうそん》は精《せい》いっぱい歓迎《かんげい》しもてなした。
いやぁ～この私《わたし》が日本《にほん》に来《く》る時《とき》が来《こ》ようとは…
文化院長《ぶんかいんちょう》…飲《の》みすぎですぞ
いいんですよ国同士《くにどうし》が問題《もんだい》を抱《かか》えているのは承知《しょうち》の上《うえ》の事《こと》
しかしながら１３００年《ねん》の歴史《れきし》を無《な》かった事《こと》にはしたくありません
どうぞもう一杯《いっぱい》
あっども
とぷ
とぷっ
お互《たが》いの心《こころ》は近《ちか》づきその後《ご》の交流《こうりゅう》につながってゆく。

師走祭《しわすまつ》りの一行《いっこう》は
神門神社《みかどじんじゃ》に向《む》かう前《まえ》に
小丸川《おまるがわ》で再度《さいど》の禊《みそぎ》
雪降《ゆきふ》る年《とし》でも
川《かわ》にドボン
神門神社
邪念《じゃねん》・煩悩《ぼんのう》を
洗《あら》い流《なが》して
更《さら》に歩《ほ》を進《すす》め——
おーい
こっちの櫓《やぐら》は
できたぞ
おお
こっちも
もう完成《かんせい》だ
この櫓群《やぐらぐん》に
たどり着《つ》く頃《ころ》には
夕陽《ゆうひ》も山《やま》に沈《しず》み
祭《まつ》りは初日《しょにち》の
終宴《しゅうえん》を迎《むか》える。

昭和《しょうわ》63年《ねん》(1988)日韓《にっかん》のシンボルとして「百済《くだら》の館《やかた》」の建設《けんせつ》を計画《けいかく》
それは扶餘《ぶよ》の王宮跡《おうきゅうあと》に建《た》つ(元《もと》)国立博物館《こくりつはくぶつかん》の「客舎《きゃくしゃ》」をモデルにした館《やかた》で——
やはり全《すべ》て「本物《ほんもの》」でないと…
村長《そんちょう》…
そうだ本場韓国《ほんばかんこく》の丹青職人《たんちょんしょくにん》を招《まね》いて完成《かんせい》させよう！
予算《よさん》が…
いいですね!!
丹青《たんちょん》は独特《どくとく》のあざやかな色彩《しきさい》で50年《ねん》は色褪《いろあ》せないと言《い》われている。
更《さら》には——
職人《しょくにん》を呼《よ》べたら雲海《うんかい》の見《み》える丘《おか》に百花亭《ひゃっかてい》を造《つく》ろう！
だったら若者《わかもの》にもアピールできる名前《なまえ》の丘《おか》にしましょうよ！
そうだな……

「恋人《こいびと》の丘《おか》」とか
ん――っ・・・
いい・・・ですかね?
「夢《ゆめ》」と「希望《きぼう》」と
「思《おも》い込《こ》み」と「勢《いきお》い」があれば
誓の錠《きずな》
「無理《むり》」が「現実《げんじつ》」となり
目《め》の前《まえ》に
当《あ》たり前《まえ》にあった
何気《なにげ》ない風景《ふうけい》が

多《おお》くの人《ひと》の心《こころ》を癒《いや》す
憩《いこ》いの場所《ばしょ》となる
現美郷町《げんみさとちょう》には
その地《ち》があることを
今《いま》あなたに知《し》ってほしい

平成《へいせい》2年《ねん》（1990）韓国青少年連盟《かんこくせいしょうねんれんめい》の日本研修団《にほんけんしゅうだん》180名《めい》が来村《らいそん》
ドッ!!
ホームステイで本格的《ほんかくてき》な民間交流《みんかんこうりゅう》が始《はじ》まった。
コンニチワ
ア…アンニョンハセヨ
言葉《ことば》は上手《うま》く通《つう》じなくても
オイシイです
コレも食《た》べてみてよ
砂肝《すなぎも》のニンニク正油漬《しょうゆづ》け
しいたけ寿司《ずし》
すっぽんの唐揚《からあ》げ
鹿丼《しかどん》
地鶏焼《じどりや》き

同《おな》じ物《もの》を食《た》べて
いっしょに笑《わら》って
ババ引《ひ》いたーっ
いっしょに寝《ね》て
また来《き》てねー
今度《こんど》はキミたちがおいでよ
行《い》ってみたいなあ
うん行《い》ってみたいね
村長《そんちょう》また…
じっ
よし
それは必《かなら》ず実現《じつげん》するぞ！

同年《どうねん》
国際交流員《こくさいこうりゅういん》の
「朴眞姫《ぱくてんひ》」さん(22歳《さい》)が来日《らいにち》。
アンニョンハセヨ
パクさん
アンニョンハセヨ
皆《みな》さん
明《あか》るく
優《やさ》しい性格《せいかく》の
朴《ぱく》さん
来賓《らいひん》の通訳《つうやく》をしたり
村人《むらびと》に韓国語《かんこくご》のハングルを教《おし》えるなどして
すぐに村《むら》の人気者《にんきもの》になった。

朴《ぱく》さんはえらいねえ
知《し》らない国《くに》のこんな小《ちい》さな村《むら》にたった一人《ひとり》で来《く》るなんて
私《わたし》好奇心《こうきしん》が強《つよ》いんです
ご両親《りょうしん》には反対《はんたい》されなかったかい？
最初《さいしょ》は強《つよ》く反対《はんたい》されました
でも私《わたし》は自分《じぶん》の目《め》で確《たし》かめたかったんです

正直韓国《しょうじきかんこく》では日本《にほん》が過去《かこ》に侵略《しんりゃく》した歴史《れきし》を許《ゆる》せないという悪《わる》いイメージがあります
多《おお》くの人《ひと》が「鬼《おに》」や「悪魔《あくま》」が住《す》む国《こく》だと言《い》い今《いま》の本当《ほんとう》の日本人《にほんじん》を知《し》ろうとはしません
でも私《わたし》はこの村《むら》に来《き》て本当《ほんとう》に良《よ》かった
こんなに優《やさ》しい素敵《すてき》な人《ひと》たちに会《あ》えたのですから
ありがとうあたしたちも嬉《うれ》しいよ
今度《こんど》キムチの漬《つ》け方《かた》を教《おし》えておくれ
ハイ喜《よろこ》んで！

村長《そんちょう》は「やる」と言《い》ったら必《かなら》ず実現《じつげん》させる男《おとこ》である。
よし これなら イケるなっ!!
ハイ・・・
平成《へいせい》2年《ねん》7月《がつ》には村《むら》の中学《ちゅうがく》3年生《ねんせい》全員《ぜんいん》が韓国《かんこく》を訪《おとず》れる事《こと》に決定《けってい》。
わ〜 パスポートだ!!
これがあれば外国《がいこく》に行《い》けるんだね!
おまえの写真《しゃしん》ブッサイクー
緊張《きんちょう》してたんだよ!!
韓国《かんこく》ってどんな国《くに》だろう
若《わか》い彼《かれ》らにとって訪韓《ほうかん》は人生《じんせい》の大《おお》いなる経験《けいけん》になったに違《ちが》いない。
日本国 旅券
JAPAN PASSPORT
村外《そんがい》の高校《こうこう》に進学《しんがく》するとパスポートを持《も》っている事《こと》が自慢《じまん》だったという。
へ〜っ これがパスポート?
すごいな 外国《がいこく》に行《い》ったコト あるんだ
うん 南郷《なんごう》は みんな行《い》った
カッコイ〜!!

平成《へいせい》2年《ねん》11月《がつ》24日《にち》
一年半《いちねんはん》の歳月《さいげつ》をかけた
「百済《くだら》の館《やかた》」落成《らくせい》。
韓国《かんこく》から招《まね》いた
「丹青師《たんちょんし》」による
鮮《あざ》やかな色彩《しきさい》。
現地《げんち》から贈《おく》られた
品々《しなじな》が納《おさ》められ
韓国国際文化協会《かんこくこくさいぶんかきょうかい》の
使節団《しせつだん》が来訪《らいほう》し
落成式《らくせいしき》は
TV《テレビ》中継《ちゅうけい》もされた。
韓国式神事《かんこくしきじんじ》
「サムルノリ」

「サムルノリ」は自然神《しぜんしん》を踊《おど》りで表《あらわ》しているんですよ
ヘエ…
役場職員《やくばしょくいん》の2人《ふたり》
なんかこのリズム…ゾクゾクするな
うん
後《のち》に彼《かれ》らは韓国《かんこく》から講師《こうし》を迎《むか》えて指導《しどう》を受《う》け
今《いま》では町《まち》の行事《ぎょうじ》で神楽《かぐら》と共《とも》に披露《ひろう》されている。
村長《そんちょう》「百済《くだら》の里《さと》」は実現《じつげん》しましたね
いや…まだまだ
これからが本番《ほんばん》だ気《き》合《あ》いを入《い》れていこう!
ハイ!

「百済《くだら》の館《やかた》」完成《かんせい》の翌月《よくげつ》には総勢《そうぜい》816名《めい》の韓国旅行団《かんこくりょこうだん》が来村《らいそん》。
チッ
なんだよ村民《そんみん》より韓国人《かんこくじん》の方《ほう》が多《おお》いじゃないか
日韓交流《にっかんこうりゅう》なんてくだらねえ!!
急激《きゅうげき》な交流《こうりゅう》に一部《いちぶ》戸惑《とまど》う者《もの》もいたが
シルバーゾーン
「くだらない」って「百済《くだら》にないこと」って意味《いみ》なんですよ
知《し》ってました?
え!?
そうなの?
知《し》らぬ間《ま》につながっていることに気付《きづ》く。

師走祭《しわすまつ》りの一行《いっこう》は初日《しょにち》のクライマックスを迎《むか》える。
よーし点火《てんか》じゃ～!!
ボウッ・・
パチパチパチ

うわぁ～!!
すご～い!!
こんなお祭《まつ》り見《み》たコトないね
毎年《まいとし》見《み》てても感動《かんどう》するねえ

ハア〜ッ
あったけぇ〜っ
パチ
パチ
パチ
あちっっ!!
バチッ

迎《むか》え火《び》が燃《も》え尽《つ》きる頃《ころ》
一行《いっこう》は神門神社《みかどじんじゃ》に到着《とうちゃく》し
ゴ!!ォォォォォォ……
奉納
神
神社
本殿《ほんでん》に御神体《ごしんたい》をおさめて
祭《まつ》りの1日目《にちめ》が終《お》わる。

昭和《しょうわ》63年《ねん》(1988)第《だい》3回《かい》の訪韓調査団《ほうかんちょうさだん》は村長《そんちょう》と全議員《ぜんぎいん》が参加《さんか》し交流《こうりゅう》は順調《じゅんちょう》に進《すす》んでいたが
「西《にし》の正倉院《しょうそういん》」計画《けいかく》は前年《ぜんねん》から難航《なんこう》していた。
宮内庁正倉院事務所
そこを何《なん》とかお願《ねが》いします!!
いやいやいや正倉院《しょうそういん》のレプリカなど許可《きょか》できませんよ
正倉院《しょうそういん》の設計図《せっけいず》は門外不出《もんがいふしゅつ》ですから
ですが…!!
お帰《かえ》りください

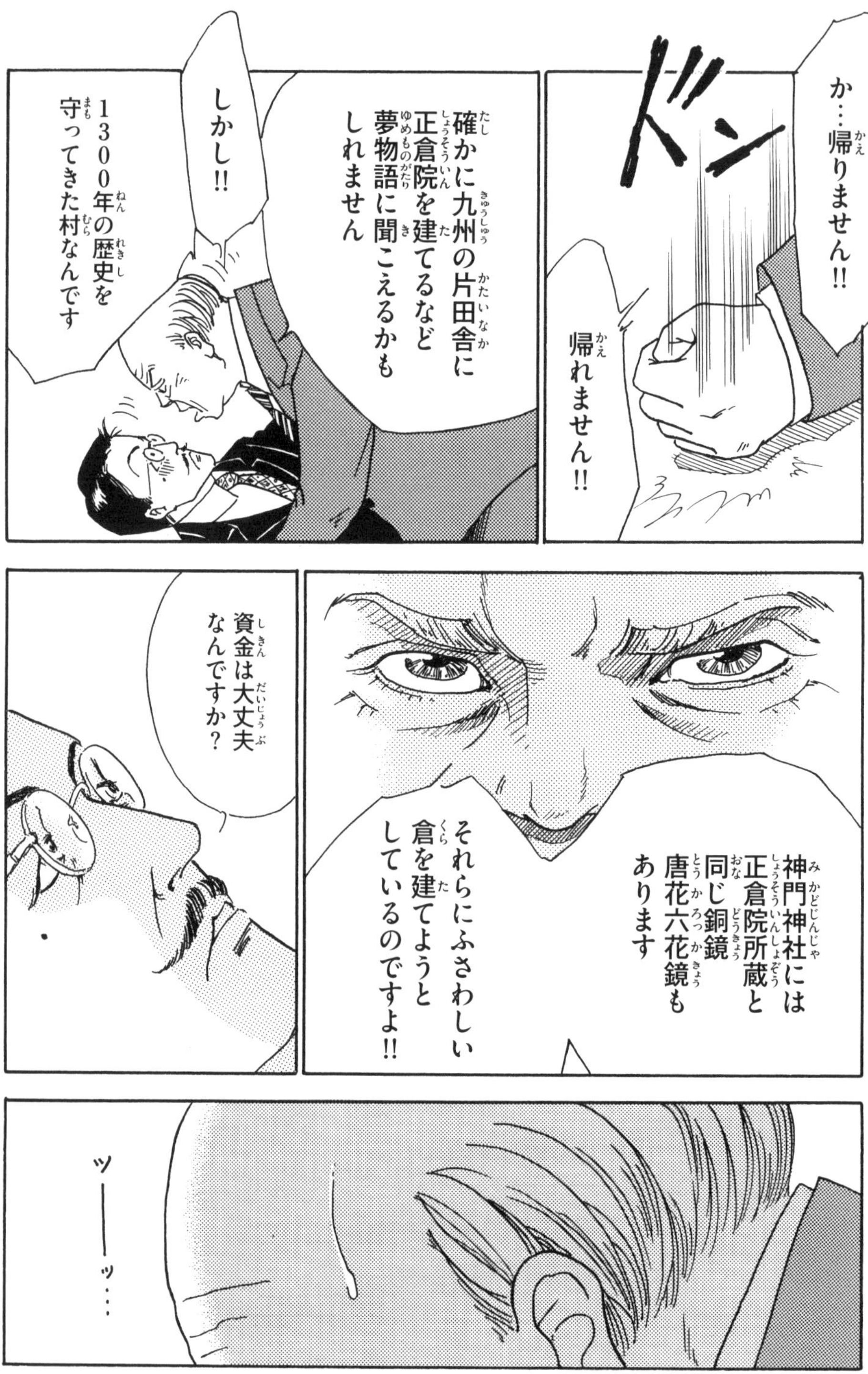

か…帰《かえ》りません!!
ドン
帰《かえ》れません!!
確《たし》かに九州《きゅうしゅう》の片田舎《かたいなか》に正倉院《しょうそういん》を建《た》てるなど夢物語《ゆめものがたり》に聞《き》こえるかもしれません
しかし!!
1300年《ねん》の歴史《れきし》を守《まも》ってきた村《むら》なんです
神門神社《みかどじんじゃ》には正倉院所蔵《しょうそういんしょぞう》と同《おな》じ銅鏡《どうきょう》唐花六花鏡《とうかろっかきょう》もあります
それらにふさわしい倉《くら》を建《た》てようとしているのですよ!!
資金《しきん》は大丈夫《だいじょうぶ》なんですか?
ツ――ッ…

よしんば建設《けんせつ》できたとしても正倉院《しょうそういん》ほどの建物《たてもの》を維持《いじ》していくのは並大抵《なみたいてい》ではない
思《おも》いだけでは通《とお》らない話《はなし》です
それなりの覚悟《かくご》が無《な》ければここまで来《く》る事《こと》はありません!!
どうか!!
どうか正倉院《しょうそういん》の設計図《せっけいず》を見《み》せてください!!
では後日協議《ごじつきょうぎ》をしてからお返事《へんじ》をするという事《こと》でよろしいですか?
よろしくお願《ねが》いします!!

返事《へんじ》…
来《き》ませんね
そう簡単《かんたん》な話《はなし》でないことは元々《もともと》判《わか》っとる
カタカタカタ
設計図《せっけいず》が手《て》に入《はい》らなければどうにもなりませんね
何《なに》も始《はじ》められないという事《こと》ですか
奈文研《なぶんけん》の先生《せんせい》に建設予定地《けんせつよていち》の現地調査《げんちちょうさ》もちゃんとしてもらっている
「前例《ぜんれい》が無《な》い」程度《ていど》のことでは引《ひ》き下《さ》がらんぞ
ガタガタ
ガタガタガタッ
きっと大丈夫《だいじょうぶ》ですよ!!
私《わたし》は信《しん》じてます!

原田《はらだ》くん!!
ひしっ
村長《そんちょう》!!
やっぱり相当心配《そうとうしんぱい》なんだなぁ
ジリリリ
ジリリリ
はい南郷村役場《なんごうそんやくば》原田《はらだ》です
はい
はい
少々《しょうしょう》お待《ま》ちください
村長《そんちょう》…
宮内庁正倉院《くないちょうしょうそういん》事務所《じむしょ》からです
ゴックン

はい
村長《そんちょう》の
田原《たばる》です
はい
はい
はい!?
ヤッター
ありがとう
ございます!!

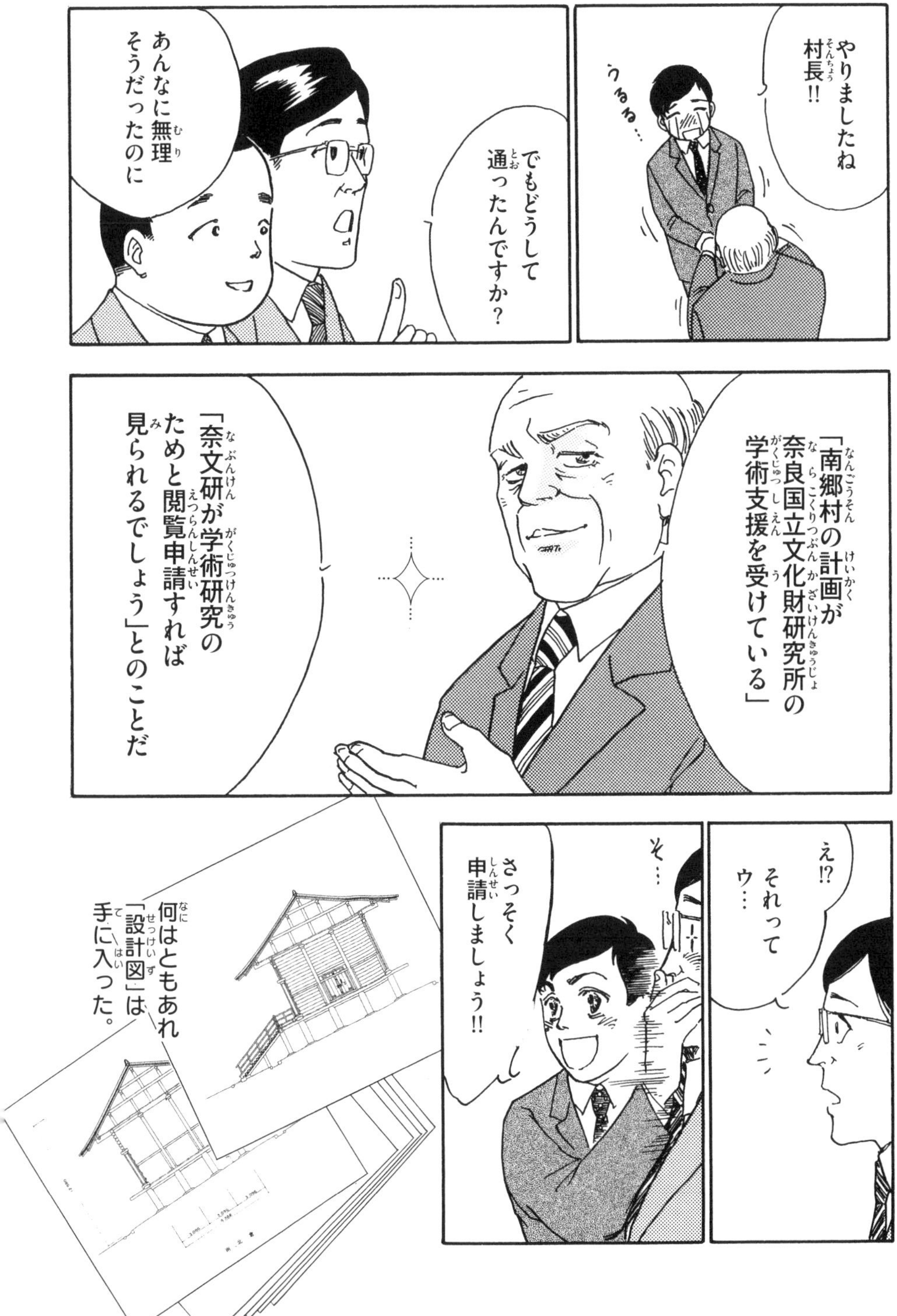
やりましたね
村長《そんちょう》!!
うるる…
でもどうして
通《とお》ったんですか?
あんなに無理《むり》
そうだったのに
「南郷村《なんごうそん》の計画《けいかく》が
奈良国立文化財研究所《ならこくりつぶんかざいけんきゅうじょ》の
学術支援《がくじゅつしえん》を受《う》けている」
「奈文研《なぶんけん》が学術研究《がくじゅつけんきゅう》の
ために閲覧申請《えつらんしんせい》すれば
見《み》られるでしょう」とのことだ
え!?
それって
ウ…
そ…
さっそく
申請《しんせい》しましょう!!
何《なに》はともあれ
「設計図《せっけいず》」は
手《て》に入《はい》った。

師走祭《しわすまつ》りの二日目《ふつかめ》は
王《おう》を助《たす》けた地元《じもと》の豪族《ごうぞく》
「ドンタロさん」への御礼《おんれい》と
言《い》われる
「ドンタロ祭《さい》」が
行《おこな》われる。
老樹《ろうじゅ》が茂《しげ》る
「ドンタロ塚《つか》」
太鼓《たいこ》を叩《たた》くと
ドン
人々《ひとびと》が唱《とな》える
オー…
弓《ゆみ》の将軍神楽《しょうぐんかぐら》
ヒュン

祭《まつ》りの一行《いっこう》は
川原《かわら》で石《いし》を拾《ひろ》う
各々《おのおの》に二個《にこ》ずつ
そして——

石塚《いしづか》へと運《はこ》ぶ
何百年《なんびゃくねん》も
くり返《かえ》されているのに
石《いし》が増《ふ》えない
不思議《ふしぎ》な石塚《いしづか》
祭《まつ》りの不思議《ふしぎ》は
誰《だれ》も
気《き》にしない
ホントに…

だぁ～れも気《き》にしない

正倉院《しょうそういん》の設計図《せっけいず》は手《て》に入《はい》ったものの
ここからが本当《ほんとう》の戦《たたか》いだった。
とんでもない話《はなし》を聞《き》いた
千葉県佐倉市《ちばけんさくらし》の国立歴史民族博物館《こくりつれきしみんぞくはくぶつかん》で1/20縮尺《しゅくしゃく》の正倉院模型《しょうそういんもけい》があったらしいんだが…
宮内庁《くないちょう》から「実物《じつぶつ》と少《すこ》し違《ちが》う」と非公式《ひこうしき》に指摘《してき》され
結局《けっきょく》撤去《てっきょ》したらしい
撤去《てっきょ》!?
少《すこ》しの違《ちが》いで撤去《てっきょ》ですか？
半端《はんぱ》な物《もの》を造《つく》ったら同《おな》じ目《め》に合《あ》うということだ
キュッ

奈良《なら》国立文化《こくりつぶんか》財研究所長《ざいけんきゅうしょちょう》
（建築歴史学《けんちくれきしがく》の専門家《せんもんか》）
正倉院側《しょうそういんがわ》が情報《じょうほう》を公開《こうかい》したがらないんだ
研究《けんきゅう》したいと言《い》っても「はいどうぞ」とは言《い》わない
千葉《ちば》の事《こと》だって屋根《やね》を外《はず》した内部《ないぶ》に問題《もんだい》があったようだが資料不足《しりょうふそく》なんだよ
なるほど…
ありがとうございます
だから南郷村《なんごうそん》には期待《きたい》してるよ
いつか誰《だれ》かが復元図《ふくげんず》を作《つく》らなければいけないんだ
うる…
がんばります！
ぐっ

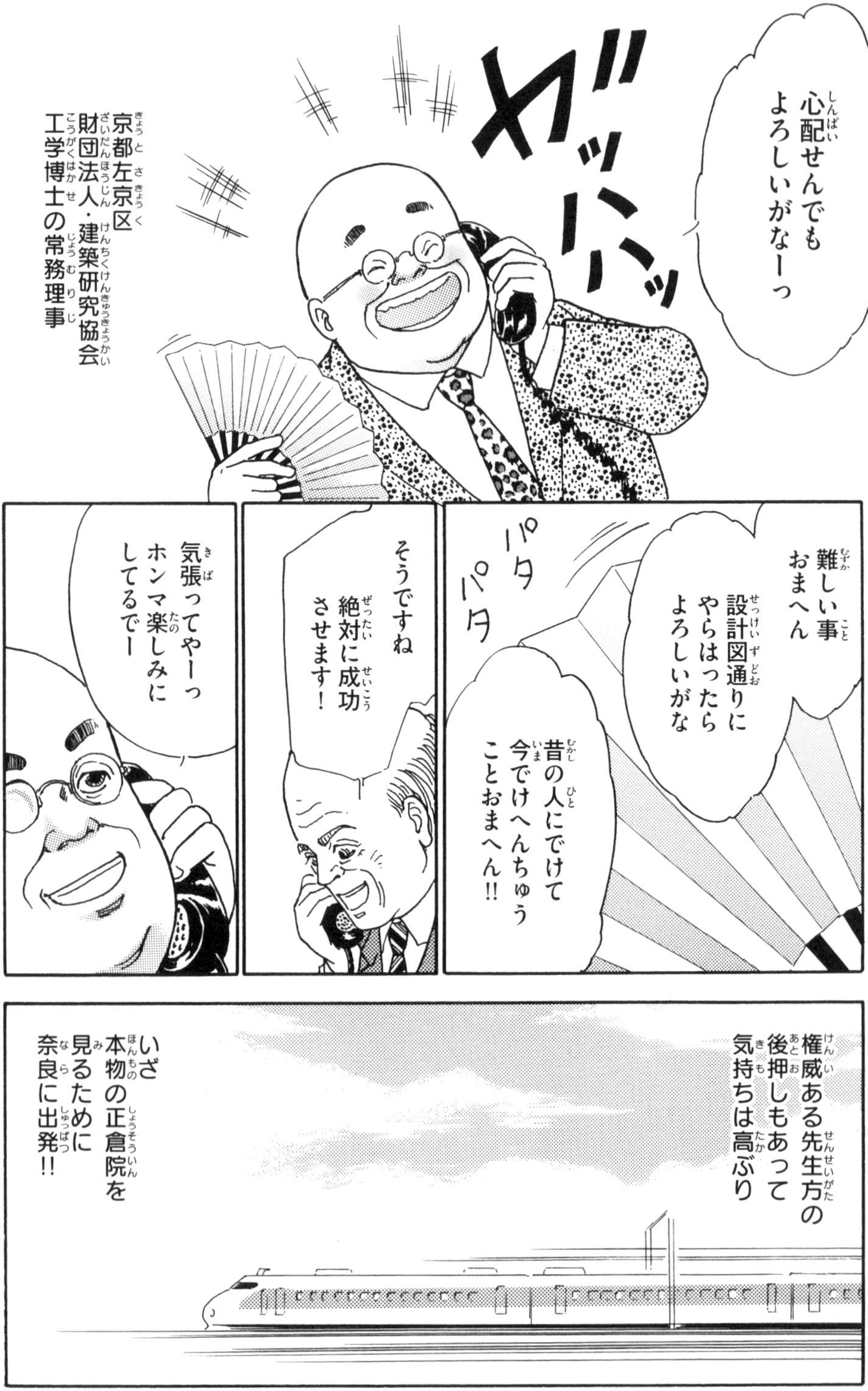
ガッハッハッ
心配《しんぱい》せんでもよろしいがなーっ
京都左京区《きょうとさきょうく》財団法人《ざいだんほうじん》・建築研究協会《けんちくけんきゅうきょうかい》工学博士《こうがくはかせ》の常務理事《じょうむりじ》
難《むずか》しい事《こと》おまへん設計図通《せっけいずどお》りにやらはったらよろしいがな
パタパタ
昔《むかし》の人《ひと》にでけて今《いま》でけへんちゅうことおまへん!!
そうですね絶対《ぜったい》に成功《せいこう》させます!
気張《きば》ってやーっホンマ楽《たの》しみにしてるでー
権威《けんい》ある先生方《せんせいがた》の後押《あとお》しもあって気持《きも》ちは高《たか》ぶり
いざ本物《ほんもの》の正倉院《しょうそういん》を見《み》るために奈良《なら》に出発《しゅっぱつ》!!

奈良《なら》東大寺《とうだいじ》
——の正倉院《しょうそういん》
これが…
本物《ほんもの》の正倉院《しょうそういん》…
我々《われわれ》はこれを造《つく》るんですね…
お…おお…そうだ…な
束柱《つかばしら》は40本《ぼん》直径《ちょっけい》50～60センチ高《たか》さ3メートル
枝木《えだき》は160本《ぼん》長《なが》い物《もの》は8メートル幅《はば》40センチ全《すべ》てがヒノキ材《ざい》
皆《みな》無言《むごん》で帰路《きろ》についた。

我《わ》が村《むら》の木材《もくざい》だけで
檜材《ひのきざい》を調達《ちょうたつ》できんかな
無理《むり》ですね
ほとんどがスギで
檜《ひのき》はわずかです
そーか
我《わ》が村《むら》の木材《もくざい》だけで
「西《にし》の正倉院《しょうそういん》」を
建《た》てられたら
「林業《りんぎょう》の村《むら》」をアピール
できると思《おも》ったんだが…
この日《ひ》から
材木《ざいもく》を求《もと》める
全国行脚《ぜんこくあんぎゃ》が始《はじ》まった
南郷村
檜《ひのき》だけにこだわらず
専門家《せんもんか》のアドバイスも
受《う》けて広《ひろ》く木材《もくざい》を
調査《ちょうさ》する事《こと》となる。
指名《しめい》されたのは
助役《じょやく》の黒田和雄《くろだともお》
最初《さいしょ》に
向《む》かったのは
本州《ほんしゅう》の最北《さいほく》
青森県《あおもりけん》だった。
よろしく
お願《ねが》いします
へーっ
九州《きゅうしゅう》の宮崎《みやざき》から?
そりゃあ遠《とお》くから
ご苦労《くろう》なこった

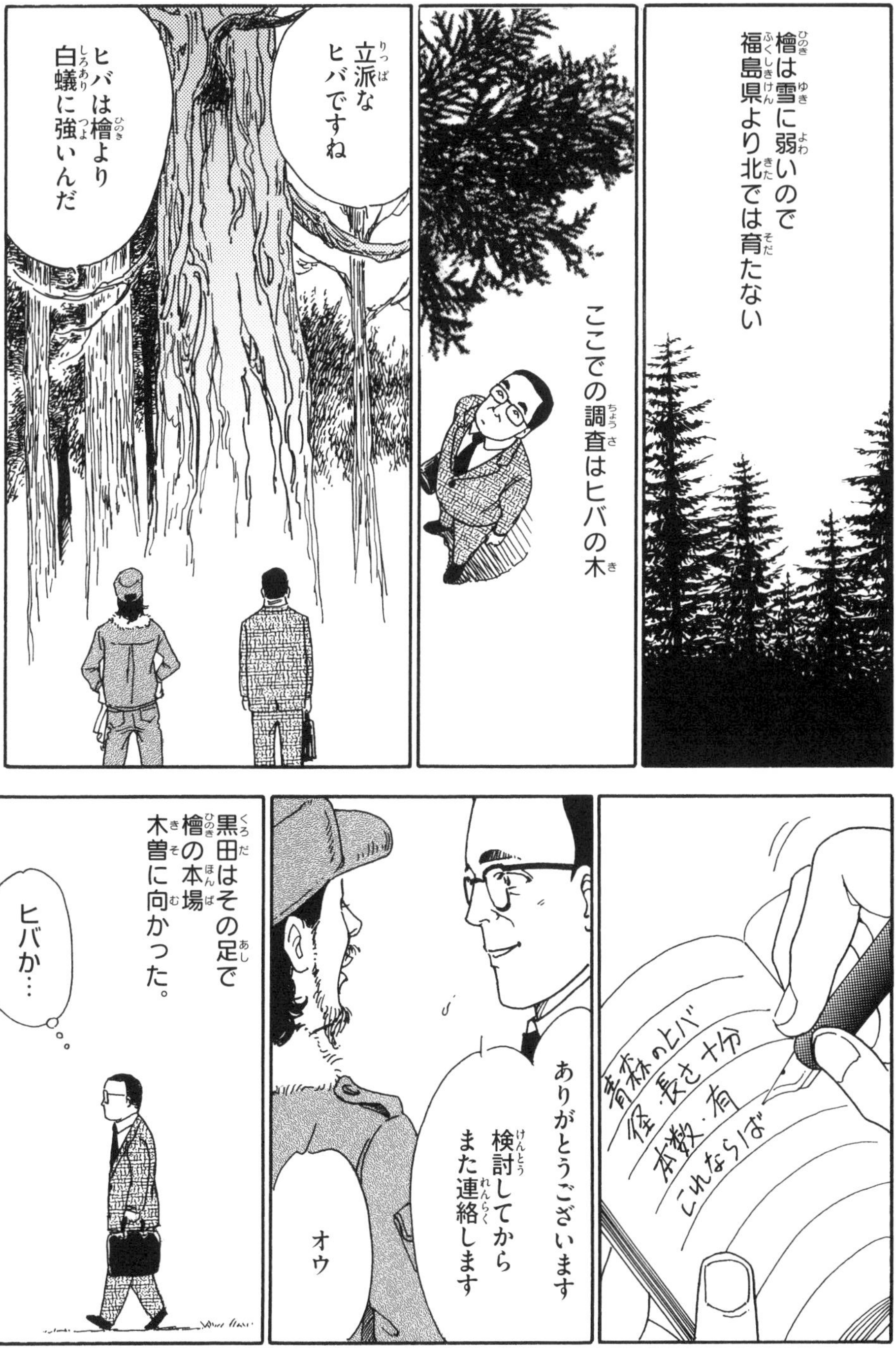
檜《ひのき》は雪《ゆき》に弱《よわ》いので
福島県《ふくしまけん》より北《きた》では育《そだ》たない
ここでの調査《ちょうさ》はヒバの木《き》
立派《りっぱ》なヒバですね
ヒバは檜《ひのき》より白蟻《しろあり》に強《つよ》いんだ
青森のヒバ
径・長さ 十分
本数・有
これならば
ありがとうございます
検討《けんとう》してからまた連絡《れんらく》します
オウ
黒田《くろだ》はその足《あし》で檜《ひのき》の本場《ほんば》木曽《きそ》に向《む》かった。
ヒバか…

信州《しんしゅう》
長野県《ながのけん》・木曽《きそ》
正倉院《しょうそういん》を造《つく》るゥ!?
ハイ
それで檜《ひのき》で12~13メートルの材木《ざいもく》は揃《そろ》いますか?
ないね
ケケケッ
あったとしても手《て》が出《だ》せる代物《しろもの》じゃない
相場《そうば》を聞《き》いたらあんた目玉《めだま》飛《と》び出《で》るよ
ビョン
プルプル
木曽のヒノキ
価格
上バの2~3倍
安い物で
ムリ….
予算《よさん》には限界《げんかい》がある
それでも村長《そんちょう》が檜《ひのき》にこだわっている事《こと》を黒田《くろだ》も判《わか》っていた——
フラフラ

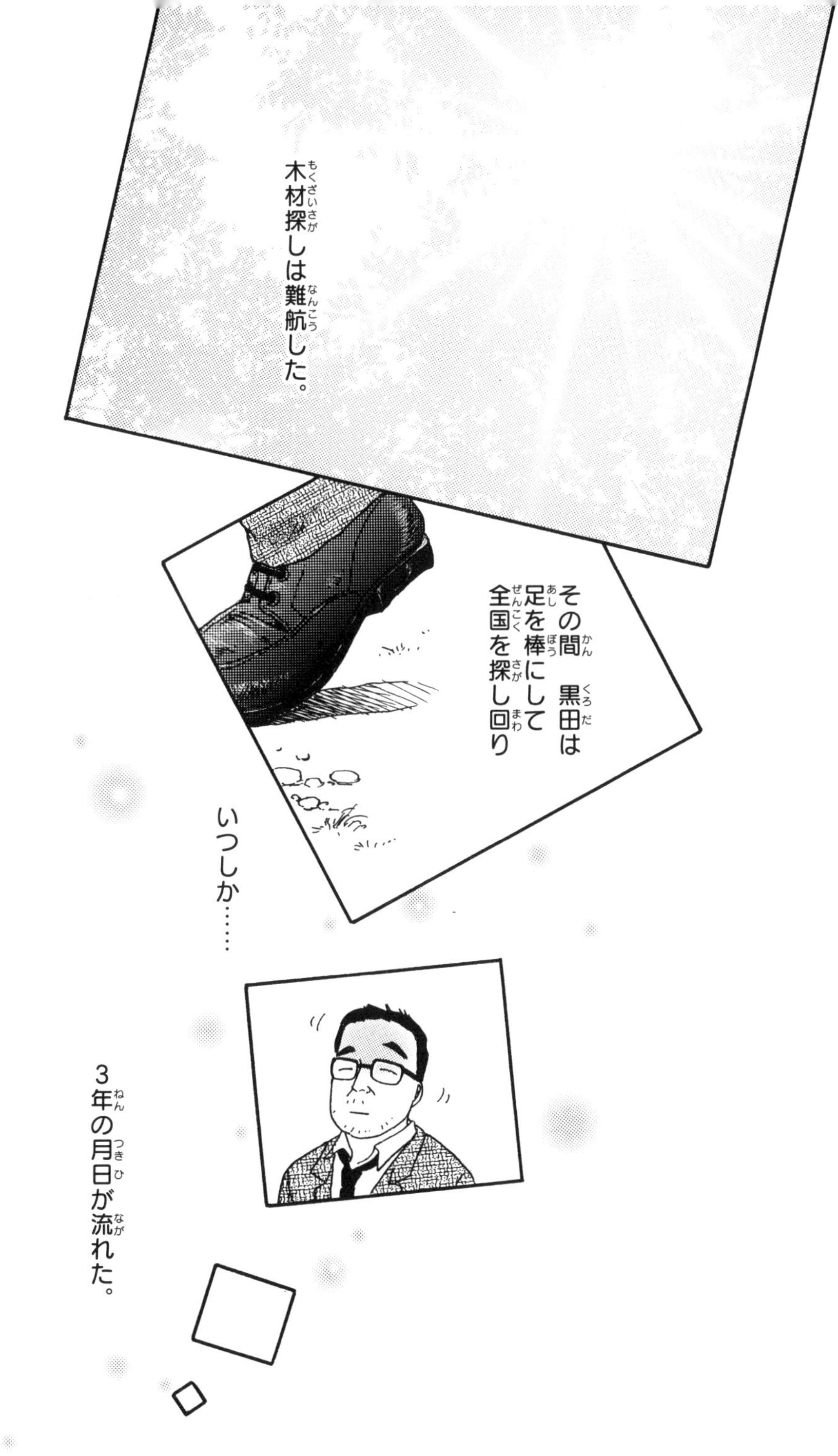
木材探《もくざいさが》しは難航《なんこう》した。
その間《かん》 黒田《くろだ》は
足《あし》を棒《ぼう》にして
全国《ぜんこく》を探《さが》し回《まわ》り
いつしか……
3年《ねん》の月日《つきひ》が流《なが》れた。

平成元年《へいせいがんねん》(1989)春《はる》
村長《そんちょう》! 村長《そんちょう》!
木曽《きそ》の材木商《ざいもくしょう》から連絡《れんらく》が来《き》ましたよ!
何《なん》だって!?
ウチが全国《ぜんこく》を回《まわ》って檜材《ひのきざい》を探《さが》していると知《し》ったらしくて
直接取引《ちょくせつとりひき》をしたいと言《い》ってきたんです
本当《ほんとう》か!?
はい。本当《ほんとう》です
その材木商《ざいもくしょう》は信用《しんよう》できるのか?
た…たぶん

知《し》らぬうちに
知《し》らぬ場所《ばしょ》で
奇跡《きせき》は起《お》こる。
この頃《ころ》 建設省《けんせつしょう》が
木曽《きそ》の駒《こま》ケ岳《たけ》の麓《ふもと》の
崩壊《ほうかい》をくい止《と》めるために
東洋一《とうよういち》の大砂防堰堤《だいさぼうえんてい》を
築《きず》く計画《けいかく》を進《すす》めていた。
そのため普通《ふつう》では
伐採《ばっさい》が認《みと》められない
区域《くいき》の木《き》が支障木《ししょうぼく》として
伐採《ばっさい》されることにより
この中《なか》の大径木《だいけいぼく》の檜《ひのき》を
落札《らくさつ》した材木店《ざいもくてん》が
南郷村《なんごうそん》の大事業《だいじぎょう》に
協力《きょうりょく》したいと申《もう》し出《で》たのだ。
黒田《くろだ》さんが足《あし》を使《つか》って 探《さが》し回《まわ》ってくれた おかげです！
いやいや
よくやってくれた この後《あと》の交渉《こうしょう》は 原田君《はらだくん》に任《まか》せよう
ブンブン
え!?
あ…
ハイ！
がんばります!!

価格交渉《かかくこうしょう》には
有利《ゆうり》な面《めん》があった。
一般的《いっぱんてき》に寺社《じしゃ》・仏閣《ぶっかく》は
節《ふし》のない木材《もくざい》を好《この》む。
ところが本家正倉院《ほんけしょうそういん》は
節《ふし》のある木材《もくざい》が使《つか》われていたのだ。
これは割安《わりやす》で買える!!
――と思《おも》ったんですけど
向《む》こうもなかなか
割引《わりび》いてくれなくて…
くーーっ
粘《ねば》れ!!
交渉《こうしょう》は
命《いのち》がけだ!!
何度《なんど》も何度《なんど》も
FAXで見積《みつ》りを
やり取《と》りし
交渉《こうしょう》も3年目《ねんめ》に入《はい》った
平成《へいせい》4年《ねん》（1992）2月《がつ》

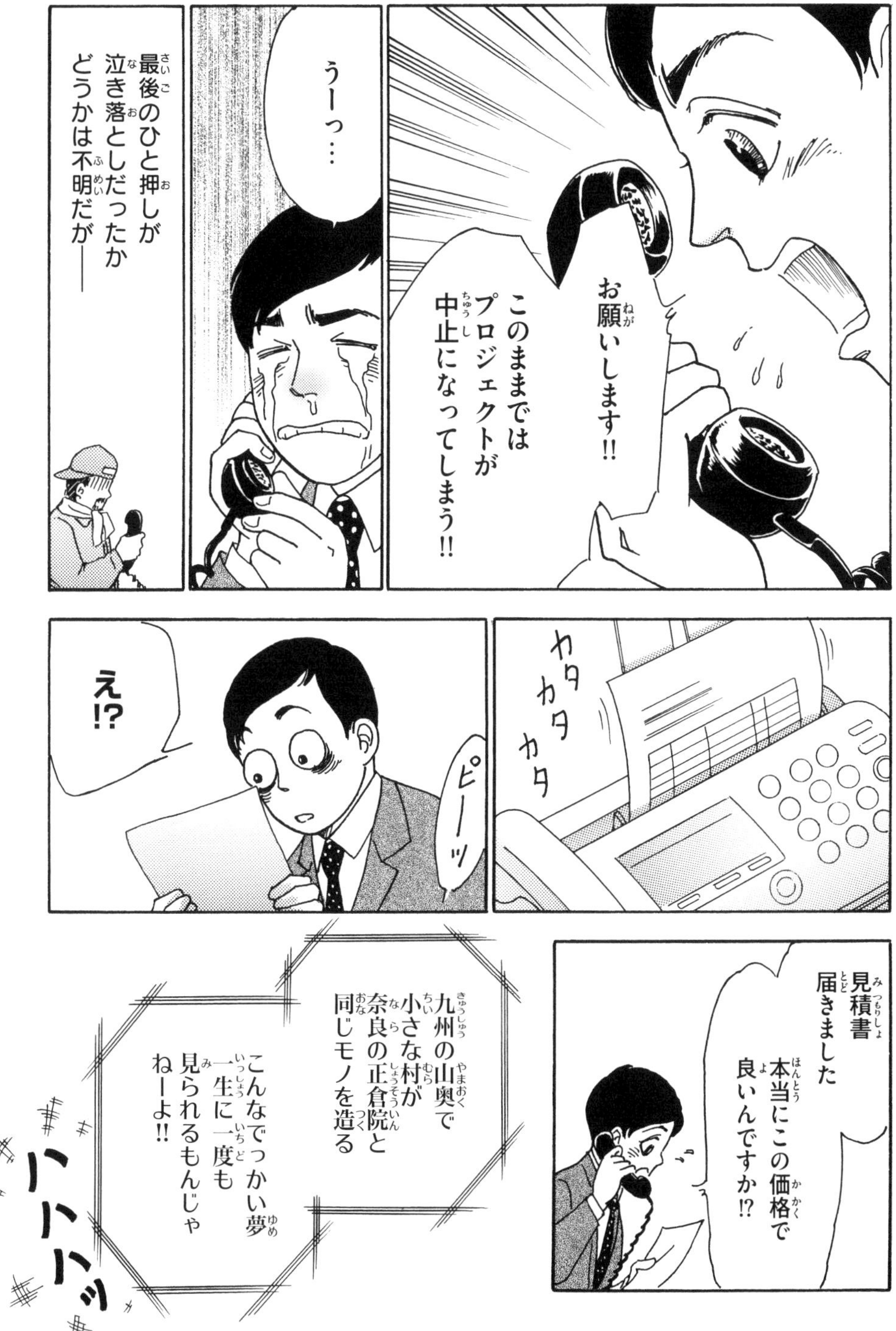
お願《ねが》いします!!
このままではプロジェクトが中止《ちゅうし》になってしまう!!
うーっ…
最後《さいご》のひと押《お》しが泣《な》き落《お》としだったかどうかは不明《ふめい》だが——
カタカタカタカタ
ピーッ
え!?
見積書《みつもりしょ》届《とど》きました
本当《ほんとう》にこの価格《かかく》で良《よ》いんですか!?
九州《きゅうしゅう》の山奥《やまおく》で小《ちい》さな村《むら》が奈良《なら》の正倉院《しょうそういん》と同《おな》じモノを造《つく》る
こんなでっかい夢《ゆめ》一生《いっしょう》に一度《いちど》も見《み》られるもんじゃねーよ!!
ハハハッ

師走祭《しわすまつ》り
二日目《ふつかめ》の夜《よる》
華《はな》やかな
高鍋神楽《たかなべかぐら》は
優美《ゆうび》に
勇壮《ゆうそう》に

ユーモラスに
時《とき》にあやしげに舞《ま》い
最後《さいご》に撒《ま》かれる餅《もち》を
氏子《うじこ》たちは我先《われさき》にと奪《うば》い合《あ》う

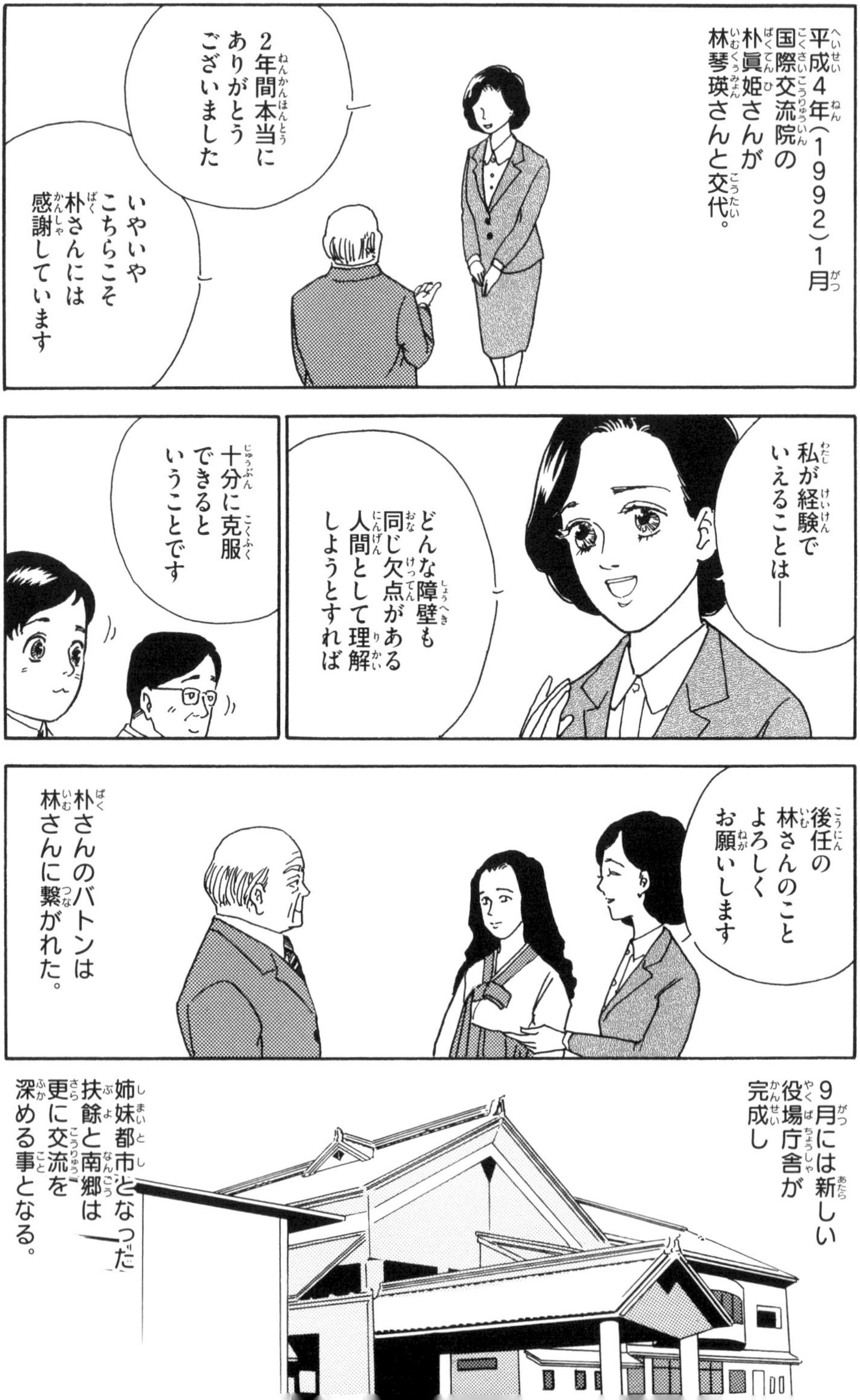
平成《へいせい》4年《ねん》（1992）1月《がつ》
国際交流院《こくさいこうりゅういん》の
朴眞姫《ばくてんひ》さんが
林琴瑛《いむくうみょん》さんと交代《こうたい》。
2年間本当《ねんかんほんとう》にありがとうございました
いやいやこちらこそ朴《ばく》さんには感謝《かんしゃ》しています
私《わたし》が経験《けいけん》でいえることは——
どんな障壁《しょうへき》も同《おな》じ欠点《けってん》がある人間《にんげん》として理解《りかい》しようとすれば
十分《じゅうぶん》に克服《こくふく》できるということです
後任《こうにん》の林《いむ》さんのことよろしくお願《ねが》いします
朴《ばく》さんのバトンは林《いむ》さんに繋《つな》がれた。
9月《がつ》には新《あたら》しい役場庁舎《やくばちょうしゃ》が完成《かんせい》し
姉妹都市《しまいとし》となった扶餘《ぶよ》と南郷《なんごう》は更《さら》に交流《こうりゅう》を深《ふか》める事《こと》となる。

バラバラ
バラバラ
バラバラ
……
……
……
バラバラ
バラバラ
バラバラ
ヘリコプターの音《おと》が うるさくて なんも聞《き》こえん!
ああ? なんだって!?
「西《にし》の正倉院《しょうそういん》」の「御木曳式《おきひきしき》」にマスコミまで来《き》てくれましたね
ああ 大成功《だいせいこう》だ
『御木曳式《おきひきしき》』
「西《にし》の正倉院《しょうそういん》」造営材《ぞうえいざい》の搬入《はんにゅう》イベント
伊勢神宮《いせじんぐう》の式年遷宮《しきねんせんぐう》の折《おり》催《もよお》される「御木曳式《おきひきしき》」を模《も》した儀式《ぎしき》は
村《むら》の意気込《いきご》みを形《かたち》にして
人々《ひとびと》と感動《かんどう》を分《わ》かち合《あ》うために行《おこな》われた。
西の正倉院 南郷

「西《にし》の正倉院《しょうそういん》」立柱始式《りっちゅうはじめしき》
交流《こうりゅう》も順調《じゅんちょう》に進《すす》み
「百済《くだら》の里《さと》」が着実《ちゃくじつ》に浸透《しんとう》し始《はじ》めた頃《ころ》
大田《てじょん》の世界博覧会《せかいはくらんかい》に⁉
はい
南郷村《なんごうそん》の「百済《くだら》の里《さと》」は本物《ほんもの》です
ぜひ参加《さんか》してください
韓国駐日全権大使《かんこくちゅうにちぜんけんたいし》
呉在熙《おじぇひ》氏《し》
??
イヤイヤ イヤイヤ
とんでもない そんな身《み》に余《あま》ることは…
「百済王族《くだらおうぞく》の故郷帰《さとかえ》り」を実現《じつげん》させませんか
私《わたし》が全力《ぜんりょく》で支援《しえん》しますから
イヤイヤ
小《ちい》さな村《むら》ゆえ世界博《せかいはく》など
イヤイヤ
イヤイヤ
イヤイヤ
イヤイヤ

世界博《せかいはく》への参加《さんか》は国単位《くにたんい》が基本《きほん》
とても現実的《げんじつてき》には考《かんが》えられなかった。
――しかし5ヶ月後《かげつご》…
カタ
カタ
カタ
そ…村長《そんちょう》
韓国《かんこく》からFAXが…!!
「南郷村《なんごうそん》田原村長様《たばるそんちょうさま》」
呉《お》さんだ
「世界博組織委員会《せかいはくそしきいいんかい》をくどき落《お》として、文芸展示館《ぶんげいてんじかん》の展示室《てんじしつ》130平方《へいほう》メートルを無償《むしょう》で確保《かくほ》しました」
無償《むしょう》で!?
!
「組織委員会《そしきいいんかい》は貴村《きそん》の参加《さんか》を心《こころ》より歓迎《かんげい》しております」
ここまでして誘《さそ》っていただけるとは…
ジーーン…
これは呉《お》さんの熱意《ねつい》に応《こた》えなくてはなるまい

世界博《せかいはく》に参加《さんか》するなら展示《てんじ》だけではなく百済王族《くだらおうぞく》の霊《れい》を里帰《さとがえ》りさせられないでしょうか!?
それ絶対《ぜったい》イイ!!
師走祭《しわすまつ》りをそのまま見《み》せる事《こと》ができたら感動的《かんどうてき》ですよ!
いやしかし…日本《にほん》の祭《まつ》りが乗《の》り込《こ》んで来《く》る事《こと》に反発《はんぱつ》はないだろうか
その不安《ふあん》を乗《の》り越《こ》えたのは7年《ねん》に渡《わた》る交流《こうりゅう》の信頼《しんらい》と御神体《ごしんたい》の故郷帰《さとがえ》りを切望《せつぼう》する思《おも》いだった。
宮崎空港《みやざきくうこう》からチャーター機《き》を飛《と》ばし総勢《そうぜい》２００人《にん》の文化交流使節団《ぶんかこうりゅうしせつだん》が御神体《ごしんたい》と共《とも》に渡韓《とかん》。

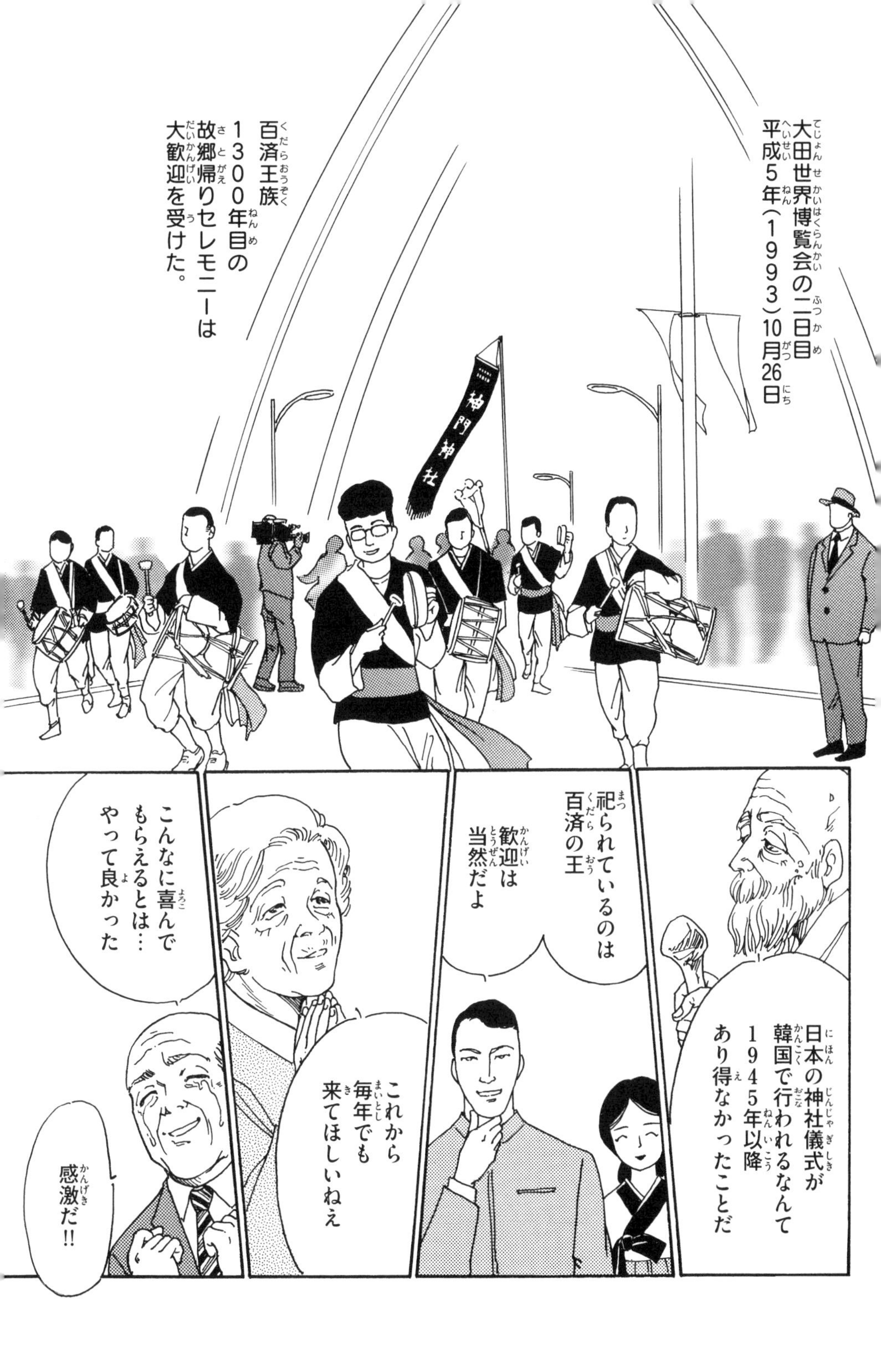
大田《てじょん》世界博覧会《せかいはくらんかい》の二日目《ふつかめ》
平成《へいせい》5年《ねん》（1993）10月《がつ》26日《にち》
百済王族《くだらおうぞく》1300年目《ねんめ》の
故郷帰《さとがえ》りセレモニーは
大歓迎《だいかんげい》を受《う》けた。
神門神社
日本《にほん》の神社儀式《じんじゃぎしき》が韓国《かんこく》で行《おこな》われるなんて1945年以降《ねんいこう》あり得《え》なかったことだ
祀《まつ》られているのは百済《くだら》の王《おう》
歓迎《かんげい》は当然《とうぜん》だよ
これから毎年《まいとし》でも来《き》てほしいねえ
こんなに喜《よろこ》んでもらえるとは…やって良かった
感激《かんげき》だ!!

大仕事《おおしごと》を終《お》えて南郷村《なんごうそん》は益々《ますます》盛《も》り上《あ》がり
「百済《くだら》の里《さと》」造《つく》りの本丸《ほんまる》「西《にし》の正倉院《しょうそういん》」建設《けんせつ》も着々《ちゃくちゃく》と進《すす》んでいった。
寸分違《すんぶんたが》わぬ作《つく》りにするとはいえ保存《ほぞん》のためには安全《あんぜん》も考《かんが》えてスプリンクラーは付《つ》けるべきかと
それは良《よ》いですねなにせ木造《もくぞう》ですから
時代《じだい》に合《あ》った対処《たいしょ》をしてこの先《さき》千年《せんねん》でももつものにしなければ
「形《かたち》」だけではない未来《みらい》につながる「心《こころ》」が大事《だいじ》なのだと
支柱《しちゅう》の中《なか》に1ケ所《かしょ》黒《くろ》い鉄板《てっぱん》が見《み》えるのはその証《あかし》である。

平成《へいせい》8年《ねん》（1996）
計画《けいかく》から10年《ねん》の歳月《さいげつ》をかけて
「西《にし》の正倉院《しょうそういん》」は完成《かんせい》した。

おおおオオ〜ッ
なんと美《うつく》しい建物《たてもの》じゃ…
これほどの建物《たてもの》に見合《みあ》う宝物《たからもの》がこの村《むら》にはあったという事《こと》か
すごーい!!
なんだかすごーい!!

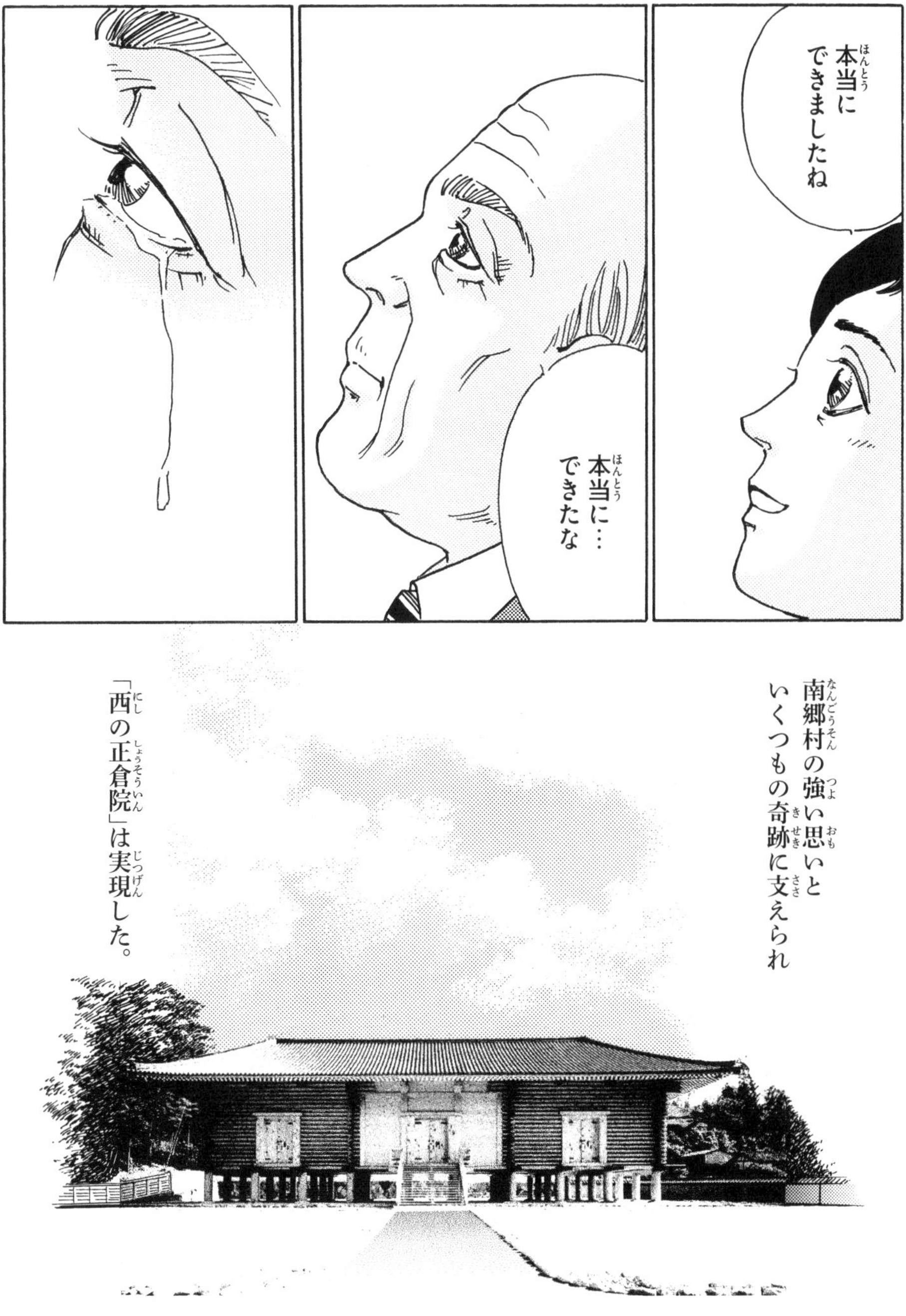
本当《ほんとう》にできましたね
本当《ほんとう》に…できたな
南郷村《なんごうそん》の強《つよ》い思《おも》いと
いくつもの奇跡《きせき》に支《ささ》えられ
「西《にし》の正倉院《しょうそういん》」は実現《じつげん》した。

師走祭《しわすまつ》りの最終日《さいしゅうび》
ヒャーーッ
ワーン
キャーッ❤
「ヘグロ塗《ぬ》り」は
互《たが》いに墨《すみ》を
塗《ぬ》り合《あ》う。
神門神社
比木神社
それは別《わか》れの悲《かな》しみを
隠《かく》すための儀式《ぎしき》
といわれている。
初《はじ》めに女性《じょせい》が男性《だんせい》に
そして皆《みな》で
塗《ぬ》り合《あ》う
宮司《ぐうじ》も

警察官《けいさつかん》も
メガネの上《うえ》からも
祭《まつ》りが終《お》わり
また1年《ねん》別《わか》れ別《わか》れに
なる御霊《みたま》を思《おも》い
切《せつ》ない気持《きも》ちを隠《かく》すために
——笑《わら》う
悲《かな》しいから笑《わら》う
人《ひと》は皆《みな》そうやって
生《い》きてきたのだ

お別《わか》れの行事《ぎょうじ》「オサラバー」
神門神社
神門神社
オサラバーッ
オサラバーッ
比木《ひき》一行《いっこう》を見送《みおく》るのに
神門側《みかどがわ》は炊事道具《すいじどうぐ》を振《ふ》りながら「オサラバー」と見送《みおく》る。

そしてまた
1年後《ねんご》の再会《さいかい》を願《ねが》い
それぞれの生活《せいかつ》に
戻《もど》ってゆくのだ。
我々《われわれ》の世代《せだい》は「西《にし》の正倉院《しょうそういん》」を造《つく》った
神門
神門
このさき村《むら》の若者《わかもの》が何《なに》を造《つく》ってくれるのか本当《ほんとう》に楽《たの》しみだよ
神門
田原村長《たばるそんちょう》は平成《へいせい》13年《ねん》12月《がつ》に勇退《ゆうたい》。

平成《へいせい》18年《ねん》（2006）1月《がつ》1日《たち》
南郷村《なんごうそん》は西郷村《さいごうそん》・北郷村《きたごうそん》と合併《がっぺい》し
「美郷町《みさとちょう》」となった。
南郷村農林業者《なんごうそんのうりんぎょうしゃ》
トレーニングセンター
「百済《くだら》の里《さと》」は夢途中《ゆめとちゅう》
宝《たから》は霧《きり》の中《なか》に眠《ねむ》っている

伝説《でんせつ》の謎《なぞ》を紐解《ひもと》きながら

千年先《せんねんさき》までも
美郷《みさと》を守《まも》り続《つづ》けてほしい

君《きみ》たちが——

【参考文献《さんこうぶんけん》】

南郷村《なんごうそん》『小《ちい》さな村《むら》の大《おお》きな挑戦《ちょうせん》』（鉱脈社《こうみゃくしゃ》）
美郷町社会福祉協議会《みさとちょうしゃかいふくしきょうぎかい》『とっておき神門物語《みかどものがたり》』
宮崎県南郷村《みやざきけんなんごうそん》『西《にし》の正倉院《しょうそういん》 建築事業報告書《けんちくじぎょうほうこくしょ》』
南郷村教育委員会《なんごうそんきょういくいいんかい》『日向南郷神門神社《ひゅうがなんごうみかどじんじゃ》・木城比木神社《きじょうひきじんじゃ》の師走祭《しわすまつ》り 調査報告書《ちょうさほうこくしょ》』
神門小学校創立百五十周年記念事業実行委員会《みかどしょうがっこうそうりつひゃくごじゅっしゅうねんきねんじぎょうじっこういいんかい》『神門小学校創立百五十周年記念誌《みかどしょうがっこうそうりつひゃくごじゅっしゅうねんきねんし》』
ＮＨＫ歴史発見取材班《れきしはっけんしゅざいはん》『ＮＨＫ歴史発見《れきしはっけん》 15』（角川書店《かどかわしょてん》）
杉山洋《すぎやまひろし》『日本《にほん》の美術《びじゅつ》№３９３　古代《こだい》の鏡《かがみ》』（至文堂《しぶんどう》）
アサヒグラフ増大号《ぞうだいごう》『１９９３　古代史発掘総《こだいしはっくつそう》まくり』（朝日新聞社《あさひしんぶんしゃ》）

原作者《げんさくしゃ》より

過疎《かそ》と高齢化《こうれいか》の波《なみ》にあえぎ苦《くる》しむ（旧《きゅう》）南郷村《なんごうそん》が、地元《じもと》に伝《つた》わる「百済王伝説《くだらおうでんせつ》や師走祭《しわすまつ》り」の謎解《なぞと》きを起死回生《きしかいせい》の切《き》り札《ふだ》とならないか、藁《わら》をもつかむ思《おも》いで手《て》がけた村《むら》おこし運動《うんどう》は、学者《がくしゃ》や研究者《けんきゅうしゃ》など多《おお》くの専門家《せんもんか》の目《め》に留《と》まり、海《うみ》を越《こ》えて韓国《かんこく》にまでも広《ひろ》がりました。これらの成果《せいか》、内容《ないよう》は美郷町《みさとちょう》が全国《ぜんこく》に誇《ほこ》れる文化財《ぶんかざい》であり、歴史遺産《れきしいさん》であることが証明《しょうめい》されたのです。

神社本殿《じんじゃほんでん》は「国《くに》の重要文化財《じゅうようぶんかざい》」となりました。そして師走祭《しわすまつ》りは、今《いま》に残《のこ》る形態《けいたい》からその起源《きげん》は全国《ぜんこく》でも極《きわ》めて古《ふる》く珍《めずら》しく、「国指定記録作成《くにしていきろくさくせい》を講《こう》ずべき無形《むけい》の重要文化財《じゅうようぶんかざい》」に指定《してい》されました。さらに社宝《しゃほう》の銅鏡《どうきょう》を有《ゆう》する神門神社《みかどじんじゃ》は、奈良《なら》・東大寺《とうだいじ》の正倉院《しょうそういん》を含《ふく》む日本《にほん》の三大伝世地《さんだいでんせいち》と言《い》われています。

百済文化《くだらぶんか》の香《かお》りが強《つよ》く残《のこ》る祭《まつ》りや伝説《でんせつ》、その他発見《たはっけん》された史資料《ししりょう》や考古学的遺物《こうこがくてきいぶつ》の集合体《しゅうごうたい》など、郷土《きょうど》の誇《ほこ》りうる歴史《れきし》や文化《ぶんか》の価値《かち》を多《おお》くのみなさんに知《し》ってほしい、さらに後世《こうせい》に受《う》け継《つ》いでほしいと考《かんが》えました。そのためにこれ等《ら》を解《わか》りやすく表現《ひょうげん》できるよう漫画《まんが》で描《えが》こうと、本書《ほんしょ》は編集《へんしゅう》されました。

ようやく、みなさんが手《て》にとって読《よ》んでいただける日《ひ》を迎《むか》えることができたのも、数多《かずおお》くの方々《かたがた》の御協力《ごきょうりょく》があればこそ。
この場《ば》を借りてお礼申《れいもう》し上《あ》げます。

原《はら》田《だ》須《す》美《み》雄《お》

プロフィール

宮崎県《みやざきけん》美郷町《みさとちょう》南郷《なんごう》神門《みかど》出身《しゅっしん》。昭和《しょうわ》37年《ねん》（1963年《ねん》）旧南郷《きゅうなんごう》村役場《そんやくば》に入庁《にゅうちょう》。西《にし》の正倉院《しょうそういん》建設《けんせつ》プロジェクトリーダーとして、平成《へいせい》8年《ねん》（1996年《ねん》）の完成《かんせい》まで指揮《しき》を執《と》る。第《だい》1回《かい》『西《にし》の正倉院《しょうそういん》 みさと文学賞《ぶんがくしょう》』にて、優秀賞《ゆうしゅうしょう》（審査員特別賞《しんさいんとくべつしょう》）を受賞《じゅしょう》。趣味《しゅみ》は水彩画《すいさいが》、工作《こうさく》。愛読書《あいどくしょ》は高杉良《たかすぎりょう》の経済小説《けいざいしょうせつ》。好《す》きな言葉《ことば》は「為《な》せば成《な》る」。

物語《ものがたり》の舞台《ぶたい》

宮崎県《みやざきけん》・美郷町《みさとちょう》

美郷町《みさとちょう》は宮崎県《みやざきけん》の北西部《ほくせいぶ》に位置《いち》し、日向市《ひゅうがし》から西《にし》へ40キロ、九州山地《きゅうしゅうさんち》に連《つら》なる山《やま》に囲《かこ》まれた自然豊《しぜんゆた》かな町《まち》です。２００６年《ねん》に南郷村《なんごうそん》、西郷村《さいごうそん》、北郷村《きたごうそん》が合併《がっぺい》して美郷町《みさとちょう》になりました。町《まち》の面積《めんせき》の90パーセント以上《いじょう》が山林《さんりん》で農林業《のうりんぎょう》が盛《さか》んです。米《こめ》、栗《くり》、椎茸《しいたけ》、牛《うし》、豚《ぶた》、地鶏《じどり》、きんかん、南高梅《なんこううめ》などの特産品《とくさんひん》があります。また地元《じもと》の豪族《ごうぞく》の名前《なまえ》にちなんだ「どんタロ」という化《け》粧品《しょうひん》も有名《ゆうめい》です。

一級河川《いっきゅうかせん》・小丸川《おまるがわ》が町《まち》の南側《みなみがわ》を流《なが》れ、やまめの放流《ほうりゅう》などを行《おこな》っています。その上流《じょうりゅう》には「鬼《き》神野溶岩渓谷《じのようがんけいこく》」という固《かた》まった溶岩《ようがん》が隆起《りゅうき》した渓谷《けいこく》があります。また落差《らくさ》が60メートルほどある「白水《しらみず》の滝《たき》」や約《やく》70メートルの高《たか》さから三段《さんだん》に落下《らっか》する「おせりの滝《たき》」などの様々《さまざま》な滝《たき》を見《み》ることもできます。キャンプ場《じょう》や温泉施設《おんせんしせつ》もあり、温泉《おんせん》は肌《はだ》に優《やさ》しい炭酸水素塩温泉《たんさんすいそえんおんせん》で「美人《びじん》の湯《ゆ》」とも言《い》われています。

美郷町《みさとちょう》の歴史《れきし》は遠《とお》く縄文時代《じょうもんじだい》に遡《さかのぼ》るものと思《おも》われます。それは町内各所《ちょうないかくしょ》に見《み》られる遺跡《いせき》が物《もの》語《がた》っています。発掘調査《はっくつちょうさ》を行《おこな》った結果《けっか》、縄文土《じょうもんど》器《き》や大量《たいりょう》の須恵器《すえき》が出土《しゅつど》したこともありました。

美郷町《みさとちょう》には古《ふる》くから一《ひと》つの伝説《でんせつ》が伝《つた》わっていました。その伝説《でんせつ》とは「滅亡《めつぼう》した朝鮮半島《ちょうせんはんとう》の古代国家《こだいこっか》・百済《くだら》の王族《おうぞく》が美郷町南郷《みさとちょうなんごう》と木城《きじょう》町《ちょう》に定住《ていじゅう》し、死後《しご》、神様《かみさま》として祀《まつ》られた」というものです。毎年旧暦《まいとしきゅうれき》の12月《がつ》に百済《くだら》の王族《おうぞく》親子《おやこ》が再会《さいかい》する「師走祭《しわすまつ》り」というお祭《まつ》りが行《おこな》われています。

南郷《なんごう》の神門神社《みかどじんじゃ》には銅鏡《どうきょう》などの貴重《きちょう》な品《しな》が保《ほ》管《かん》されていて、百済王族《くだらおうぞく》の遺品《いひん》と呼《よ》ばれていました。また「塚《つか》の原古墳《はるこふん》」という百済王族《くだらおうぞく》の墓《はか》と思《おも》われる古墳《こふん》も見《み》つかっています。

平成《へいせい》9年《ねん》に神門神社本殿調査《みかどじんじゃほんでんちょうさ》を行《おこな》ったところ、屋根裏《やねうら》に1006本《ぽん》の鉾《ほこ》が奉納《ほうのう》されていることが判明《はんめい》しました。古《ふる》いものは1457年奉《ねんほう》納《のう》とあり、また鉾《ほこ》はすべて12月《がつ》に奉納《ほうのう》されたという記載《きさい》があり、師走祭《しわすまつ》りの時期《じき》と合《あ》うことから、師走祭《しわすまつ》りの起源《きげん》を遡《さかのぼ》る重要《じゅうよう》な物的証拠《ぶってきしょうこ》と考《かんが》えられています。

美郷町《みさとちょう》は明治時代《めいじじだい》には近隣町村《きんりんちょうそん》に先《さき》がけて開《かい》通《つう》した県道《けんどう》により、周辺《しゅうへん》の村《むら》から特産物《とくさんぶつ》や必需《ひつじゅ》品《ひん》が集《あつ》まり、物々交換《ぶつぶつこうかん》の市《いち》がたち交流《こうりゅう》の場《ば》として栄《さか》えました。

しかし昭和《しょうわ》になると周辺《しゅうへん》の村々《むらむら》に独自《どくじ》の交通《こうつう》網《もう》が開通《かいつう》し、交流《こうりゅう》の場《ば》ではなくなっていきました。そこで百済王伝説《くだらおうでんせつ》を使《つか》って町《まち》おこしを行《おこな》い、「百済《くだら》の館《やかた》」や「西《にし》の正倉院《しょうそういん》」などを建築《けんちく》。百済《くだら》の里《さと》として、多《おお》くの観光客《かんこうきゃく》を迎《むか》え入《い》れました。毎年春《まいとしはる》になると「百済《くだら》の里《さと》　春祭《はるまつ》り」を行《おこな》い、韓国《かんこく》の伝統的《でんとうてき》な音楽《おんがく》であるサムルノリの公演《こうえん》やチマチョゴリの試着会《しちゃくかい》などを開催《かいさい》しています。

用語解説《ようごかいせつ》

百済王伝説《くだらおうでんせつ》と師走祭《しわすまつ》り　―6・8ページ―

660年《ねん》、朝鮮半島《ちょうせんはんとう》の古代国家《こだいこっか》「百済《くだら》」が新羅《しらぎ》と唐《とう》の連合軍《れんごうぐん》によって滅《ほろ》ぼされました。

美郷町《みさとちょう》に古くから伝わる百済王伝説《くだらおうでんせつ》によると、その際《さい》に百済《くだら》の王族《おうぞく》たちは日本《にほん》に亡命《ぼうめい》しましたが、船《ふね》で筑紫《つくし》の国《くに》（九州北部《きゅうしゅうほくぶ》）に向《む》かったところ瀬戸内海《せとないかい》でしけに遭《あ》い、百済《くだら》の王《おう》・禎嘉王《ていかおう》は今《いま》の日向市金ヶ浜《ひゅうがしかねがはま》に、息子《むすこ》の福智王《ふくちおう》は高鍋町蚊口浦《たかなべちょうかぐちうら》に漂着《ひょうちゃく》したそうです。

その後《ご》、それぞれ奥地《おくち》に入《はい》り、美郷町南郷《みさとちょうなんごう》と児湯郡木城町《こゆぐんきじょうちょう》に定住《ていじゅう》。死後《しご》、土地《とち》の人《ひと》たちに神《かみ》として祀《まつ》られたと言《い》われています。

旧暦《きゅうれき》の12月《がつ》に行《おこな》われる師走《しわす》祭《まつ》りは別《わか》れ別《わか》れになった百済《くだら》の王族親子《おうぞくおやこ》を再会《さいかい》させるお祭《まつ》りです。比木神社《ひきじんじゃ》に祀《まつ》られた福智王《ふくちおう》の御神体《ごしんたい》が神門神社《みかどじんじゃ》に祀《まつ》られた禎嘉王《ていかおう》に会《あ》うために90キロの道《みち》のりを巡行《じゅんこう》します。

また、禎嘉王《ていかおう》が山《やま》に火《ひ》を放《はな》って追手《おって》から逃《のが》れた伝説《でんせつ》にならい約《やく》30基《き》の櫓《やぐら》に火《ひ》をつける「迎《むか》え火《び》」は、壮観《そうかん》で毎年大勢《まいとしおおぜい》の見物客《けんぶつきゃく》が訪《おとず》れます。

唐花六花鏡《とうかろっかきょう》 ―27ページ―

唐花六花鏡《とうかろっかきょう》は六花形《ろっかけい》（花《はな》びらが6枚《まい》ある形《かたち》）をした青銅製《せいどうせい》の銅鏡《どうきょう》です。スイカズラの文様《もんよう》が施《ほどこ》されていて、スイカズラは百済《くだら》の国花《こっか》だったと言《い》われています。

銅鏡《どうきょう》は古代中国《こだいちゅうごく》を起源《きげん》とし、日本《にほん》や朝鮮半島《ちょうせんはんとう》などの東《ひがし》アジアで広《ひろ》く使《つか》われました。銅鏡《どうきょう》には様々《さまざま》な種類《しゅるい》のものがありますが、歴史学《れきしがく》や考古学《こうこがく》の用語《ようご》としては遺跡《いせき》から発掘《はっくつ》される青銅製《せいどうせい》のものを示《しめ》すことが多《おお》いです。日本《にほん》では弥生時代《やよいじだい》や古墳時代《こふんじだい》の遺跡《いせき》で多《おお》く見《み》つかっています。

神門神社《みかどじんじゃ》には33枚《まい》の銅鏡《どうきょう》が保管《ほかん》されていて、そのうちの1枚《まい》が唐花六花鏡《とうかろっかきょう》です。これほど大量《たいりょう》の銅鏡《どうきょう》が1ヶ所《かしょ》に残《のこ》されているのは極《きわ》めて珍《めずら》しいと言《い》われています。これらの銅鏡《どうきょう》は百済王《くだらおう》の遺品《いひん》と考《かんが》えられていて、百済王伝説《くだらおうでんせつ》を裏付《うらづ》ける根拠《こんきょ》の一《ひと》つになっています。

唐花六花鏡《とうかろっかきょう》は大変貴重《たいへんきちょう》なもので、日本国内《にほんこくない》では5枚《まい》しか現存《げんぞん》していません。そのうちの1枚《まい》は国宝《こくほう》として正倉院《しょうそういん》に保管《ほかん》されています。また神門神社《みかどじんじゃ》のものと同一品《どういつひん》が東大寺大仏台座《とうだいじだいぶつだいざ》から出土《しゅつど》されました。神門神社《みかどじんじゃ》のものは状態《じょうたい》がよく、文化的《ぶんかてき》な価値《かち》が高《たか》いとされています。そのため、考古学《こうこがく》の学者《がくしゃ》など、様々《さまざま》な人たちが調査《ちょうさ》のために何度《なんど》も南郷村《なんごうそん》を訪《おとず》れました。

２０２０年現在《ねんげんざい》は西《にし》の正倉院《しょうそういん》に展示《てんじ》されています。

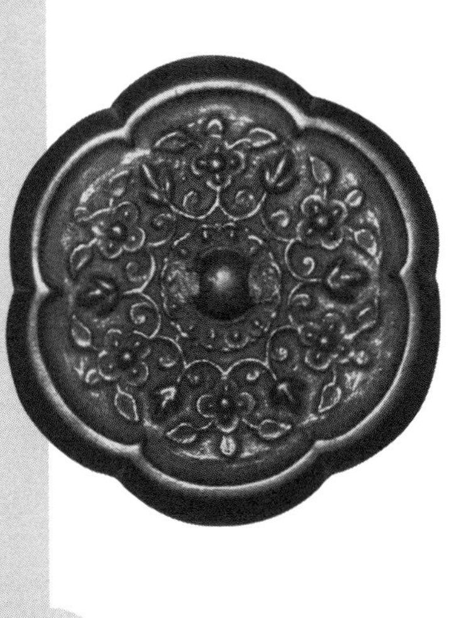

サムルノリ ―46ページ―

韓国《かんこく》の農村地帯《のうそんちたい》の伝統的《でんとうてき》な農楽《のうがく》をもとに現代《げんだい》風《ふう》にアレンジした音楽演奏《おんがくえんそう》です。「百済《くだら》の里《さと》 春《はる》祭《まつ》り」などで披露《ひろう》されます。

朝鮮半島《ちょうせんはんとう》の伝統楽器《でんとうがっき》であるケンガリ（鉦《かね》）、チン（ドラ）、チャング（杖鼓《じょうこ》）、プク（鼓《つづみ》）を用《もち》いて演奏《えんそう》され、それぞれの楽器《がっき》が雷《かみなり》・風《かぜ》・雨《あめ》・雲《くも》を表現《ひょうげん》しています。

名称《めいしょう》は１９７８年《ねん》に結成《けっせい》された演奏《えんそう》グループ「サムルノリ」に由来《ゆらい》し、その後《ご》、４種《しゅ》の伝統《でんとう》楽器《がっき》を用《もち》いた演奏《えんそう》そのものがそう呼《よ》ばれるようになりました。

「百済《くだら》の館《やかた》」の落成式《らくせいしき》では韓国《かんこく》から芸能団《げいのうだん》が訪《おとず》れて華《はな》やかに披露《ひろう》してくれました。また当時《とうじ》の韓国民自党《かんこくみんじとう》の最高委員《さいこういいん》が楽器《がっき》の一式《いっしき》を南郷村《なんごうそん》に

寄贈《きぞう》するなど、サムルノリを通《つう》じて友好《ゆうこう》の輪《わ》が広《ひろ》がっていったといえます。

1991年《ねん》には韓国《かんこく》から指導者《しどうしゃ》が来村《らいそん》し、南郷村《なんごうそん》の若者《わかもの》に伝授《でんじゅ》してくれました。基本的《きほんてき》なリズムの習得《しゅうとく》から始《はじ》まり、1ケ月《かげつ》にわたる昼夜《ちゅうや》を問《と》わない特訓《とっくん》で一応《いちおう》の演技《えんぎ》ができるまでになりました。

大田世界博《てじょんせかいはく》では南郷村《なんごうそん》の有志《ゆうし》と韓国《かんこく》のプロチーム合同《ごうどう》でサムルノリを披露《ひろう》し好評《こうひょう》を博《はく》しました。

Tフォード —14ページ—

20世紀初頭《せいきしょとう》にアメリカのフォード・モーター社《しゃ》が開発《かいはつ》・製造《せいぞう》した自動車《じどうしゃ》。世界中《せかいじゅう》で爆発的《ばくはつてき》に売《う》れました。

筑紫《つくし》の国《くに》 —16ページ—

九州北部《きゅうしゅうほくぶ》にあった日本古代《にほんこだい》の国《くに》。禎嘉王一行《ていかおういっこう》は畿内地方《きないちほう》（京都《きょうと》・大阪《おおさか》・奈良《なら》のあたり）から筑紫《つくし》の国《くに》を目指《めざ》しました。

馬鈴《ばれい》・馬鐸《ばたく》・須恵器《すえき》 —18ページ—

馬鈴《ばれい》と馬鐸《ばたく》は馬《うま》につける装具《そうぐ》。須《す》恵器《えき》は古墳時代《こふんじだい》から平安時代《へいあんじだい》まで作《つく》られた陶質《とうしつ》の土器《どき》。いずれも朝鮮半島《ちょうせんはんとう》から伝《つた》わったものとされています。

神楽《かぐら》 ―33・47・60・76ページ―

神《かみ》に奉《ささ》げる歌舞《かぶ》（歌《うた》を伴《ともな》う舞《まい》）のこと。師走《しわす》祭《まつ》りでは2日目《かめ》のドンタロ祭《さい》で「弓《ゆみ》の将軍《しょうぐん》神楽《かぐら》」を、その夜《よる》の夜神楽《よかぐら》で「高鍋神楽《たかなべかぐら》」を行《おこな》います。

高床式造《たかゆかしきつく》り ―32ページ―

床下部分《ゆかしたぶぶん》を高《たか》くして建築《けんちく》する方式《ほうしき》。日本《にほん》では縄文時代《じょうもんじだい》から用《もち》いられ、湿気《しっけ》に強《つよ》いという特徴《とくちょう》があります。

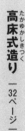

ドンタロ ―60ページ―

禎嘉王一行《ていかおういっこう》を助《たす》けた地元《じもと》の豪族《ごうぞく》・益見太郎《ますみたろう》のこと。神門神社《みかどじんじゃ》の裏《うら》のドンタロ塚《つか》に祀《まつ》られています。

支障木《ししょうぼく》 ―73ページ―

工事《こうじ》の妨《さまた》げとなる木《き》のこと。砂防堰堤《さぼうえんてい》（土砂《どしゃ》災害《さいがい》を防《ふせ》ぐ目的《もくてき》のダム）の設置工事《せっちこうじ》では工事前《こうじまえ》に伐採《ばっさい》されます。

伊勢神宮《いせじんぐう》・式年遷宮《しきねんせんぐう》 ―79ページ―

伊勢神宮《いせじんぐう》で20年《ねん》ごとに社殿《しゃでん》を新《あたら》しくして、大御神にお遷《うつ》りいただくこと。1万本《まんぼん》以上《いじょう》のヒノキ材《ざい》を用意《ようい》して、神宮内《じんぐうない》に曳《ひ》き入《い》れますが、その儀式《ぎしき》を「御木曳式《おきひきしき》」と呼《よ》びます。

大田世界博《てじょんせかいはく》 ―80ページ―

1993年《ねん》8月《がつ》から11月《がつ》まで、韓国《かんこく》の大田《てじょん》で開催《かいさい》された国際博覧会《こくさいはくらんかい》。

年《ねん》表《ぴょう》

西《にし》の正倉院《しょうそういん》ができるまで

年《ねん》	主《おも》なできごと
昭和《しょうわ》61年《ねん》(1986)	奈良国立博物館《ならこくりつはくぶつかん》に神門鏡《みかどきょう》と同一品《どういつひん》の鏡《かがみ》があることが判明《はんめい》
	「百済王族《くだらおうぞく》のルーツを訪《たず》ねて」第《だい》1回訪韓調査《かいほうかんちょうさ》
	百済伝説《くだらでんせつ》をまとめた「神門物語《みかどものがたり》」出版《しゅっぱん》
	村《むら》おこしのテーマを「百済《くだら》の里《さと》づくり」と決定《けってい》
昭和《しょうわ》62年《ねん》(1987)	第《だい》2回訪韓調査《かいほうかんちょうさ》
	奈良国立博物館《ならこくりつはくぶつかん》の考古室長《こうこしつちょう》が神門鏡《みかどきょう》の調査《ちょうさ》に来村《らいそん》
	奈良国立文化財研究所《ならこくりつぶんかざいけんきゅうじょ》に正倉院《しょうそういん》の複製可能性《ふくせいかのうせい》と技術的《ぎじゅつてき》援助《えんじょ》を求《もと》めて協議《きょうぎ》
昭和《しょうわ》63年《ねん》(1988)	正倉院複製《しょうそういんふくせい》について、宮内庁《くないちょう》と交渉開始《こうしょうかいし》
	正倉院建設《しょうそういんけんせつ》にかかる木材調査開始《もくざいちょうさかいし》

年《ねん》	主《おも》なできごと
平成《へいせい》3年《ねん》(1991)	「師走祭《しわすまつ》り」無形民俗文化財指定《むけいみんぞくぶんかざいしてい》
	韓国大統領秘書官《かんこくだいとうりょうひしょかん》、南郷村《なんごうそん》を訪問《ほうもん》
	扶餘《ぷよ》と姉妹都市提携調印《しまいとしていけいちょういん》
	第《だい》1回過疎地域活性化優良事例町村《かいかそちいきかっせいかゆうりょうじれいちょうそん》として国土庁長官賞《こくどちょうちょうかんしょう》を受賞《じゅしょう》
	韓国伝統芸能《かんこくでんとうげいのう》サムルノリ指導者《しどうしゃ》が来村《らいそん》
	「百済《くだら》の館《やかた》」が手《て》づくりふるさと賞《しょう》・建設大臣賞《けんせつだいじんしょう》を受賞《じゅしょう》
	全建宮崎賞《ぜんけんみやざきしょう》　建設部門《けんせつぶもん》を受賞《じゅしょう》
平成《へいせい》4年《ねん》(1992)	「ふるさとづくり奨励賞《しょうれいしょう》」受賞《じゅしょう》
	西《にし》の正倉院《しょうそういん》の木材調達先《もくざいちょうたつさき》が正式決定《せいしきけってい》

	第《だい》3回訪韓調査《かいほうかんちょうさ》
	奈良国立文化財研究所《ならこくりつぶんかざいけんきゅうじょ》の学術支援《がくじゅつしえん》が決定《けってい》
	正倉院《しょうそういん》の設計図《せっけいず》を入手《にゅうしゅ》
	南郷村《なんごうそん》の職員《しょくいん》が扶餘訪問《ぷよほうもん》
平成元年《へいせいがんねん》（1989）	恋人《こいびと》の丘《おか》　着工《ちゃっこう》
	奈良国立文化財研究所飛鳥資料館《ならこくりつぶんかざいけんきゅうじょあすかしりょうかん》が神門鏡調査《みかどきょうちょうさ》に来村《らいそん》
平成《へいせい》2年《ねん》（1990）	文化庁《ぶんかちょう》が師走祭《しわすまつ》りを調査《ちょうさ》
	国際交流員《こくさいこうりゅういん》「朴眞姫《ぱくてんひ》さん」着任《ちゃくにん》
	韓国《かんこく》から初《はつ》の旅行団来村《りょこうだんらいそん》　200名《めい》
	ハングル講座開設《こうざかいせつ》
	第《だい》1回中学生韓国訪問《かいちゅうがくせいかんこくほうもん》
	恋人《こいびと》の丘《おか》・百花亭《ひゃっかてい》　完成《かんせい》
	宮崎日日新聞社《みやざきにちにちしんぶんしゃ》「国際交流賞《こくさいこうりゅうしょう》」受賞《じゅしょう》
	百済《くだら》の館《やかた》　完成《かんせい》

	国際交流員《こくさいこうりゅういん》「林琴瑛《いむくぅみょん》さん」着任《ちゃくにん》
	国際交流員《こくさいこうりゅういん》「朴眞姫《ぱくてんひ》さん」離任《りにん》
	活力《かつりょく》あるまちづくり優良地方公共団体表彰《ゆうりょうちほうこうきょうだんたいひょうしょう》
	南郷村《なんごうそん》が旅《たび》のペンクラブ「旅《たび》のまち30」に選定《せんてい》・受賞《じゅしょう》
	西《にし》の正倉院《しょうそういん》　建設工事入札《けんせつこうじにゅうさつ》
平成《へいせい》5年《ねん》（1993）	韓国全権大師《かんこくぜんけんたいし》・呉在煕夫妻《おじぇひふさい》が来村《らいそん》
	西《にし》の正倉院造営材《しょうそういんぞうえいざい》「御木曳式《おきひきしき》」
	大田世界博覧会《てじょんせかいはくらんかい》に参加《さんか》
平成《へいせい》6年《ねん》（1994）	シンポジウム「百済王族伝説《くだらおうぞくでんせつ》の謎《なぞ》を解《と》く」開催《かいさい》
	西《にし》の正倉院《しょうそういん》「立柱始式《りっちゅうはじめしき》」
平成《へいせい》7年《ねん》（1995）	西《にし》の正倉院敷地《しょうそういんしきち》の発掘調査《はっくつちょうさ》。完全《かんぜん》な須恵器《すえき》3点《てん》、土師器《はじき》1500点《てん》が出土《しゅつど》
平成《へいせい》8年《ねん》（1996）	西《にし》の正倉院《しょうそういん》が完成《かんせい》

著者《ちょしゃ》プロフィール

[小野双葉《おのふたば》]

漫画家《まんがか》。東京芸術大学彫刻《とうきょうげいじゅつだいがくちょうこく》科《か》卒《そつ》。小学館《しょうがくかん》プチコミックにてデビュー。代表作《だいひょうさく》には、ホラーシリーズとして『邪悪《じゃあく》のJACK』『闇《やみ》に蠢《うごめ》く者《もの》～M・J～』『猟奇《りょうき》殺人鬼《さつじんき》たちの告白《こくはく》』などがあり、また時代劇《じだいげき》シリーズとして『うたまろ』『鹿鳴館奇譚《ろくめいかんきたん》』他《ほか》。さらに、角川映画作品《かどかわえいがさくひん》『黒《くろ》い家《いえ》』『弟切草《おとぎりそう》』『アナザヘブン』の漫画化《まんがか》でも知《し》られる。

[門前日和《もんぜんびより》]

脚本家《きゃくほんか》。劇団烏航空主宰《げきだんからすこうくうしゅさい》。NHKFMのFMシアター「母《かあ》ちゃんと王様《おうさま》」、青春《せいしゅん》アドベンチャー「真夜中《まよなか》の訪問者《ほうもんしゃ》」「渋《しぶ》谷《や》さんぽ」の脚本《きゃくほん》を担当《たんとう》。またテレビ朝日《あさひ》「家政夫《かせいふ》のミタゾノ」「べしゃり暮《ぐ》らし」の脚本開発《きゃくほんかいはつ》に参画《さんかく》。

西の正倉院と百済王伝説　美郷のキセキ

著　　者　原田須美雄（原作）、
小野双葉（作画・構成）、門前日和（原案）

制作・編集　美郷町役場企画情報課
スタッフ　さらだたまこ
澤田智幸、岩屋友香、杉本幸永
本間修二

企業版ふるさと納税協力企業　株式会社イワハラ、株式会社丸誠電器、株式会社花菱塗装技研工業、有限会社花菱精板工業、株式会社パシフィックシステム、三桜電設株式会社、大正測量設計株式会社宮崎支店、株式会社日向衛生公社、株式会社バディ、株式会社アブニール、株式会社大興不動産、株式会社南日本環境センター、株式会社創建、医療法人社団 創志会 東京中央美容外科

装　　幀　山﨑里美

販 売 部　五十嵐健司

編 集 人　鈴木収春

発 行 人　石山健三

発 行 所　クラーケンラボ
〒101-0064 東京都千代田区神田猿楽町2-1-14 A&Xビル4F
TEL　03-5259-5376
URL　https://krakenbooks.net
E-MAIL　info@krakenbooks.net

印刷・製本　中央精版印刷株式会社

ISBN 978-4-910315-01-0